本书受到国家社科基金项目
"劳动力返乡创业与乡村振兴的协同效应及政策设计"（21CJL032）
资助

数 字 经 济 与乡村发展研究

—————— 黄敦平◎著 ——————

中国财经出版传媒集团

经济科学出版社
Economic Science Press

图书在版编目（CIP）数据

数字经济与乡村发展研究／黄敦平著. —北京：
经济科学出版社，2023.8
ISBN 978 - 7 - 5218 - 5024 - 6

Ⅰ.①数… Ⅱ.①黄… Ⅲ.①信息经济－经济发展－
农村－社会主义建设－研究－中国 Ⅳ.①F492.3
②F320.3

中国国家版本馆 CIP 数据核字（2023）第 151661 号

责任编辑：白留杰 凌 敏
责任校对：易 超
责任印制：张佳裕

数字经济与乡村发展研究
黄敦平 著
经济科学出版社出版、发行 新华书店经销
社址：北京市海淀区阜成路甲 28 号 邮编：100142
教材分社电话：010 - 88191309 发行部电话：010 - 88191522
网址：www. esp. com. cn
电子邮箱：bailiujie518@ 126. com
天猫网店：经济科学出版社旗舰店
网址：http：//jjkxcbs. tmall. com
北京密兴印刷有限公司印装
710×1000 16 开 8.75 印张 130000 字
2023 年 8 月第 1 版 2023 年 8 月第 1 次印刷
ISBN 978 - 7 - 5218 - 5024 - 6 定价：42.00 元
（图书出现印装问题，本社负责调换。电话：010 - 88191545）
（版权所有 侵权必究 打击盗版 举报热线：010 - 88191661
QQ：2242791300 营销中心电话：010 - 88191537
电子邮箱：dbts@ esp. com. cn）

前　言

　　本书的主题是关于数字经济与乡村发展之间的关系，讨论数字普惠金融、数字技术在乡村共同富裕、乡村振兴过程中发挥的积极作用，本书一共分为以下六章。

　　第一章研究数字普惠金融与农村创业活跃度的关系。在深度剖析数字普惠金融赋能农村创业活跃度的理论逻辑基础上，运用 2011～2021 年中国省级面板数据对其关系及内在机制进行实证检验。研究结果表明，数字普惠金融对农村创业活跃度提升具有积极推动作用，且该效果存在区域异质性，数字普惠金融对东部地区农村创业的赋能效果更为突出。作用机制分析发现，数字普惠金融能够通过收入激励效应对农村创业活跃度产生积极影响。另外门槛模型检验发现，数字普惠金融对农村创业活跃度的影响存在基于覆盖广度、使用深度、数字化程度及传统金融发展的门槛效应，且伴随门槛水平的变化，其对农村创业活跃度的提升效果也会发生改变。

　　第二章研究数字技术与农户共同富裕的关系。聚焦数字技术赋能农户共同富裕的理论逻辑，采用 CFPS（2018）实证分析数字技术赋能农户共同富裕作用机制。研究结果表明，数字技术对农户共同富裕具有显著赋能作用，并且数字技术对农户共同富裕的赋能作用存在较强异质性，数字技术对青壮年农户共同富裕赋能作用强于老年农户，数字技术对高技能群体农户共同富裕赋能作用强于低技能农户群体。进一步作用机制分析发现，数字技术能够通过拓宽农户社会网络效应机制赋能农户共同富裕，"强关系"网络对农户的共同富裕贡献更大；数字技术能够通过提升农户人力资本效应机制赋能农户共同富裕，为农户共同富裕实现注入内生动力；数字技术能够通过促进农户非农就业效应机制赋能农户共同富裕，对农户"离土"型非农就业农户赋能作用更强。应深化数字技术农村应用推广，夯实农村数字设施基础；弥合地区数字鸿沟，赋能农村弱势群体；拓宽农村社会网络，增强农户社会资本；优化农村教育资源，促进农户人力资本积累；丰富农户就业选择，提升农村就业质量等对策建议，这对乡村振兴与农户共同富裕具有借鉴意义。

第三章研究数字素养与农户农村共同富裕的关系。构建同时涵盖"发展—监督"双重视角下的分析框架，借助于中国劳动力动态调查（CLDS2016）数据，实证探讨数字素养对农户农村共同富裕赋能效应并聚集于其微观传导机制。研究结果表明，数字素养显著提高农户农村共同富裕程度。从共同富裕子维度看，数字素养对精神富裕度的助推效应更加明显。数字乡村建设与数字普惠金融产生显著的正向调节作用，数字乡村建设与数字普惠金融发展水平提升强化数字素养赋能农户农村共同富裕作用。异质性结果显示，数字素养对共同富裕赋能作用在老一代、拥有较多社会资本、共同富裕程度较高的农户更为明显。传导机制检验结果表明，数字素养通过"发展"功能与"监督"功能影响农户农村共同富裕程度，"发展"功能通过培育农户职业技能促进农户农村共同富裕，"监督"功能则主要借由提高农户参与乡村治理对农户农村共同富裕产生显著影响。基于此，为进一步扎实推进共同富裕，相关部门应多措并举加快培育农户数字素养，重点推进互联网等数字化基础设施建设，积极开展技能培训活动与拓宽农户参与乡村治理渠道。

第四章研究数字乡村建设与农村"三产"融合的关系。利用 2011 ~ 2021 年中国省级面板数据，通过构建数字乡村和农村"三产"融合的评价指标体系，实证检验数字乡村建设对农村"三产"融合的影响及作用机理。研究结果表明：数字乡村建设总体上能够显著赋能农村"三产"融合，进行稳健性检验后该结论依旧成立。异质性研究发现，中部地区数字乡村建设赋能农村"三产"融合效果强于东、西部地区，同时对粮食主产区和农村产业融合试点区积极作用显著，对非粮食主产区及非试点区影响存在不确定性，另外该赋能作用具有时间段差异，现阶段影响更为明显。进一步研究发现，数字乡村建设能够通过农村机械化水平和农村创业活跃度间接影响农村"三产"融合。研究结论为深入推进农业产业提质增效，促进农村"三产"融合与现代农业发展提供有益参考。

第五章研究数字经济与乡村产业振兴的关系。在深度剖析数字经济赋能乡村产业振兴的理论逻辑基础上，基于 2011 ~ 2020 年中国 31 个省份的面板数据测算数字经济发展指数和乡村产业振兴指数，实证分析数字经济对乡村产业振兴影响的总效应、中介效应和门槛效应。研究结果表明：数字经济对于乡村产业振兴具有显著正向影响。异质性分析表明，数字经济对中国东部地区乡村产业振兴的正向效应更为明显。机制分析表明，农村创业活跃度在数字经济促进乡村产业振兴的衔接过程中具有中介效应。此外，数字经济对乡村产业振兴存在基于劳动力错配的单一门槛效应，在跨越门槛前后，数字经济对乡村产业振兴的影响效应由正转负。因此，需加强数字基础设施建设，注重数字经济赋能效果差异，加强数字经济辐射作用，提升农村居民数字素养，以加快数字经济与乡村产业振兴有效衔接。

第六章研究农村集体经济与乡村振兴的关系。基于农村居民主观效用视角，借助 2020 年、2021 年和 2022 中国土地经济调查数据（CLES），实证检验农村集体经济发展的乡村振兴效应及其内在作用机制。研究结果表明：农村集体经济对农民的乡村振兴满意度具有正向影响，产生显著乡村振兴效应。驱动路径分析显示，农村集体经济对乡村振兴五个子体系满意度均具有驱动作用，且对生活富裕维度满意度作用更显著。异质性结果显示，农村集体经济的乡村振兴效应在实行股份制度改革地区更显著。作用机制检验表明，收入调节效应、公共服务均等化效应与信心正反馈效应是农村集体经济释放乡村振兴效应的重要途径。进一步讨论，发现农村集体经济主要提高了低经济资本、低人力资本和低社会资本家庭的乡村振兴满意度，具有显著包容性特征。应加速全面推进乡村振兴，强化对农村集体经济发展的政策支持力度，更好地满足农村居民多样化需求，提高农村居民主观福利。

感谢在编写过程中研究生倪加鑫、尹凯、王雨、陈静怡、周迅、乔梦楠、于轩等参与数据查找、文字校对过程中的辛苦，也感谢学校、学院的大力支持。由于研究水平有限，书中难免有些不足，敬请各位专家指正。

黄敦平

2023 年 7 月

目　　录

第一章

数字普惠金融与农村创业活跃度研究

新时代农村创业具有新的内涵与使命，亟须探寻可持续发展路径，需要适时获得数字普惠金融的支持，健全农村金融体系成为农村金融发展的首要任务和关键环节。在新技术变革的背景下，数字普惠金融对农民增收及农村发展的支持作用日益凸显，农村地区创新创业的土壤也更加丰厚（曾建中等，2023）。数字普惠金融深入发展能够增强金融支持力度，扩宽创业融资的渠道，满足农村创业过程中的资金需求，弥补农村地区金融供给不足，进而为创业活动保驾护航（星焱，2021）。然而截至 2022 年 12 月底，农村地区互联网普及率仅为 61.9%，农村网民规模为 3.08 亿人，受"数字技术鸿沟"的马太效应和信息孤岛效应影响，致使部分农村居民处于数字普惠金融的边缘和外围地带，难以享受其发展红利。在此背景下，探究数字普惠金融能否提升农村创业活跃度？其中的作用机制又是什么？这些问题的回答对于巩固脱贫攻坚成果及全体人民共同富裕目标实现具有重要参考价值。

一、文献综述

当前不少学者认为数字普惠金融对农村创业活跃度提升具有积极影响。数字技术在金融领域广泛应用有益于颠覆传统金融的业务形态，打破固有金融排斥壁垒，实现金融普惠性发展，激发创业热情，带动创业能力提升（Ayyagari et al.，2021）。卡拉伊瓦诺夫（Karaivanov，2012）指出在农村地区相对封闭的经济发展环境下，数字普惠金融因其低成本、便利性等特征将打破"地区藩篱"，降低对弱势群体的金融排斥程度，拓宽农村劳动力的就业渠道和创业机会，提升农村经济整体运行绩效。数字普惠金融发展将增强金融服务包容性，减少传统金融机构对农村居民的固有偏见，帮助农村居民解决"融资难、融资贵"问题，从而有效缓解金融发展的不平衡和不充分（谢绚丽等，2018）。田瑶和郭立宏（2022）指出信贷可得性的提高不仅有助于缓解家庭流动性约束，增进家庭福利，也能够提高农村居民的创业热情，刺激农村投资的增长。P2P 网络借贷通过缓解农村电商创业农户的信贷约束、提供多种理财产品和个性化服务，有效推动农村电商创业发展，最终促进农产品电商创业者的偿债能力、营运能力和盈利能力的提升（何婧，李庆海，2019；孙玉环等，2021）。张勋等（2019）发现数字普惠金融能够缓解农村创业家庭受到的物质资本、人力资本和社会资本等创业约束，促进创业机会均等化，显著增强农村创业动机，进而实现中国经济的包容性增长。何宏庆（2020）认为数字普惠金融发展有益于拓宽金融服务的广度，避免金融服务农业农村的"最后一公里"的梗阻现象，增加金融服务可选择性，进而促进农村产业融合发展。数字普惠金融还为缓解信息不对称程度提供机遇，可以帮助农户较好地把握市场动态和政策调整，对新时期农村创业具有显著促进作用，有益于创业绩效的进一步改善（Beck et al.，2018；马亚明，周璐，2022）。

　　然而也有部分学者指出数字普惠金融对农村创业活跃度提升存在消极影响。马述忠等（2022）认为由于数字基础设施建设的差异，可能造成城乡间、区域间的"数字技术鸿沟"，导致收入差距持续扩大，长期以来存在的城乡差距致使农村地区数字化水平相对滞后，难以发挥数字普惠金融对农村创业活动的赋能功效。张金林等（2022）认为城乡居民在数字工具普及率上存在一定差异，面对数字化借贷的新业态，可能加剧农村居民的"数字排斥"，使其难以享受到数字金融发展所带来的福利，严重制约城乡融合发展进程。王修华和赵亚雄（2022）指出由于"精英俘获效应"的存在，创造财富方面处于优势地位的个体对数字金融利用更为充分，而其他弱势群体从中受益有限。由于技术门槛的存在，受教育程度低、老龄化和信息弱势群体面对数字普惠金融服务存在"用不上"或"不会用"的问题，对其个体创业行为影响较小（周月书，苗哲瑜，2023）。张号栋和尹志超（2016）也认为农村居民的金融素养偏低，存在明显的"知识鸿沟"，相对缺乏掌握数字媒体的能力，这可能会抑制数字普惠金融发展对于农村创业活动的助益作用。

综上所述，已有文献为本书进一步研究提供重要启示，但鲜有文献对其中机制和创业所具备的门槛条件展开细致研究。相比已有文献，本书的边际贡献主要在于：一是基于数字普惠金融的普惠性和包容性特征展开对农村创业活跃度的理论分析，丰富现有文献。二是将农村居民可支配收入纳入分析框架，探究数字普惠金融影响农村创业活跃度的内在作用机理，丰富数字普惠金融应用领域。三是建立面板门槛模型，考察覆盖广度、使用深度、数字化程度和传统金融发展在数字普惠金融对农村创业活跃度影响中的门槛效应分析，以期为共同富裕目标实现提供重要参考。

二、理论分析与研究假说

（一）数字普惠金融影响农村创业活跃度的直接效应

伴随科技革命的深入推进，数字技术创新为应对传统金融"二八法则"造成不足带来解决方案，良好的农村金融生态环境将满足市场拓展金融需求、增加返乡居民创新创业机会，提升农民创新创业信心。首先，数字普惠金融具有"普惠性"。数字技术与金融服务跨界融合能够缓解外在条件造成的"偏环境问题"，拓展普惠金融的触达能力和服务范围，帮助欠发达地区获取便捷金融服务的可能性和公平性，从而激发创业企业的发展活力（王平，王凯，2022）。其次，数字普惠金融具有"包容性"。数字技术与支付、信贷、投资等传统金融服务的交叉融合，不仅能够有效避免传统金融业务交易模式的不安全性，增加农民数字金融使用频率，而且还可以提高信息透明度，帮助识别创业动机类型及其影响因素，为处于创业初期的企业提供有力信息保障。基于上述分析，提出假说1。

假说1：数字普惠金融对农村创业活跃度提升具有正向影响。

（二）数字普惠金融通过收入激励效应影响农村创业活跃度

可支配收入高低是决定居民创业意愿和创业成功与否的关键因素，获得一定水平收入的可行能力能够赋予个体参与创业活动的机会，对不同群体创业行为起到"雪中送炭"和"锦上添花"的作用（张林，温涛，2020）。同时收入增加形成的长尾效应有益于提升农村创业活跃度，基于短期凯恩斯的绝对收入理论和长期杜森贝里的相对收入理论分析，收入来源的多样化是影响居民消费倾向的关键因素，而消费作为最终需求能够牵引供给侧，进而为农村创业活动提供需求侧支持（芦彩梅，王海艳，2021；孟维福等，2023）。数字普惠金融兼具"数字金融"与"普惠金融"双重特性和功能，有效利用将能打破传统金融服务的"贵族属性"，缓解居民流动性约束以拓宽增收渠道。具体而言，首先数字化信贷服务可以降低借贷双方信息不对称的阻碍，有效解决金融服务"最后一公里"问题，给予农村弱势群体更便捷、更优惠的金融支持，增加通过个人努力获取收入的机会，推动农民实现多元增收（尹志超等，2019）。其次数字普惠金融发展可以降低预防性储蓄，从而也能够缓解暂时性的流动性危机。信息化普惠金融有益于加快保险产品和服务的线上化进程，推进基于消费场景的互联网保险业务发展，满足居民多样化、个性化的数字保险需求，通过缓释疾病、意外等风险增加居民的经济安全，进而有效推动居民可支配收入稳步增长（李晓等，2021）。基于上述分析，提出假说2。

假说2：收入激励效应是数字普惠金融影响农村创业活跃度的重要传导机制。

（三）数字普惠金融子维度及传统金融对农村创业活跃度的门槛效应分析

首先，数字普惠金融所使用的数据等生产要素具有规模经济效应。即当数字普惠金融发展水平超过某个阈值后，其金融产品和服务的边际成本趋近于0，对农村创业活跃度的提升效果可能呈现出边际递增发展趋势（崔建军，赵丹玉，2023）。其次，覆盖广度是数字普惠金融发展的基础和核心，其依托于电子账户数、智能化网点数实现金融服务及产品的"横向"延伸，当农村地区网络基础日益完善、落后群体数字信息技术触达能力持续增强时，数字普惠金融服务成本将不断降低，金融覆盖范围得到有效扩宽，长尾群体对于金融服务的可及性持续提升，推动农村创业活动的资金来源趋向多元化。另外，数字普惠金融也存在适度和过度匹配问题，即当数字普惠金融匹配度超过某一阈值后，将存在现实与预期相背离的情况，其对农村创业活跃度的提升效果也可能存在边际递减趋势（杜家廷等，2022）。使用深度主要指数字普惠金融的纵向渗透能力，渗透度越高，低收入群体收入水平的改善能力越强，但在普及阶段使用深度发展会存在一定的阻力，由于金融产品更迭升级迅速，农村居民的金融素养提高难以与金融产品的更新换代速度保持同步，因此在使用深度发展水平不同的地区，数字普惠金融对农村创业活跃度的提升功效存在差异（杨德勇等，2022）。数字化程度主要指普惠金融的门槛和便利化程度，在互联网金融和数字技术的发展支持下，数字普惠金融服务越精准，但金融本身具有较高的风险，与技术风险、网络风险相互叠加容易滋生新型风险，即数字金融产品为农村创业活动提供暂时资金支持的同时，也可能增加较高水平的借贷成本，致使对农村创业活跃度的提升作用不如预期（何宜庆，王茂川，2021）。传统金融发展主要指银行竞争程度持续增强，垄断程度不断降低，传统金融机构的改革意愿更为强烈，银行运用互联网和信息技术进行信贷技术创新的概率越高，易增强银行对中小企业的普惠效率。基于上述分析，提出假说3。

假说3：当数字普惠金融各子维度及传统金融水平在不同阈值范围内，数字普惠金融对农村创业活跃度影响程度不同。

三、研究设计

（一）计量模型设定

1. 固定效应模型。为分析数字普惠金融对农村创业活跃度的直接影响，将农村创业活跃度作为被解释变量，数字普惠金融作为核心解释变量，并加入影响农村创业活跃度的相关控制变量进行回归分析，具体面板模型构建如下：

$$REP_{i,t} = \alpha_1 + \alpha_2 DIF_{i,t} + \sum \beta_i X_{i,t} + \mu_i + \nu_t + \varepsilon_{i,t} \qquad (1-1)$$

其中，i 为地点，t 为时间；$REP_{i,t}$ 为农村创业活跃度；α_1 为截距项；$DIF_{i,t}$ 为数字普惠金融；α_2 为数字普惠金融的回归系数，$X_{i,t}$ 为控制变量；β_i 为控制变量的回归系数；μ_i 和 ν_t 分别为地区和时间固定效应，$\varepsilon_{i,t}$ 为随机扰动项。

2. 工具变量模型。为解决基准回归中可能存在的内生性问题，采用两阶段最小二乘法（2SLS）进行检验。工具变量一阶段模型设定如下：

$$\overline{DIF}_{i,t} = \chi_1 + \chi_2 IV_{i,t} + \sum \beta_i X_{i,t} + \mu_i + \nu_t + \varepsilon_{i,t} \qquad (1-2)$$

其次，二阶段模型构建如下：

$$REP_{i,t} = \varphi_1 + \varphi_2 \overline{DIF}_{i,t} + \sum \beta_i X_{i,t} + \mu_i + \nu_t + \varepsilon_{i,t} \qquad (1-3)$$

其中，$\overline{DIF}_{i,t}$ 代表基于工具变量拟合的数字普惠金融发展情况；$IV_{i,t}$ 为工具变量，其余变量定义与式（1-1）相同。

3. 中介效应模型。为验证数字普惠金融影响农村创业活跃度的传导机制，借鉴温忠麟等（2004）的研究思路，在式（1-1）的基础上构建中介效应模型，具体设定如下：

$$ME_{i,t} = \bar{\omega}_1 + \bar{\omega}_2 DIF_{i,t} + \sum \beta_i X_{i,t} + \mu_i + \nu_t + \varepsilon_{i,t} \qquad (1-4)$$

$$REP_{i,t} = \vartheta_1 + \vartheta_2 DIF_{i,t} + \vartheta_3 ME_{i,t} + \sum \beta_i X_{i,t} + \mu_i + \nu_t + \varepsilon_{i,t} \qquad (1-5)$$

其中，$ME_{i,t}$ 为中介变量，式（1-4）为探讨数字普惠金融对中介变量的影响效应，式（1-5）为中介效应估计，其余变量定义与式（1-1）相同。

4. 门槛效应模型。考虑到数字普惠金融对农村创业活跃度的影响效应可能存在"门槛"特征，故借鉴汉森（Hansen，1999）的研究思路，设定面板门槛模型如下：

$$REP_{i,t} = \vartheta_1 + \vartheta_2 DIF_{i,t}(PE \leqslant y) + \vartheta_3 DIF_{i,t}(PE > y)$$
$$+ \sum \beta_i X_{i,t} + \mu_i + \nu_t + \varepsilon_{i,t} \qquad (1-6)$$

式（1-6）为单门槛模型，PE 为门槛变量，y 为门槛值，ϑ_1 为单门槛水平下数字普惠金融的影响系数，其他字母含义同式（1-1），若存在单一门槛，则进行双重门槛模型检验，以此类推。

$$REP_{i,t} = \xi_1 + \xi_2 DIF_{i,t}(PE \leq y_1) + \cdots + \xi_{m-1} DIF_{i,t}(y_{m-1} < PE \leq y_m)$$
$$+ \sum \beta_i X_{i,t} + \mu_i + \nu_t + \varepsilon_{i,t} \qquad (1-7)$$

式（1-7）为多门槛模型，y_i 为门槛值，ξ_i 为不同门槛水平下数字普惠金融的回归系数，其他字母含义同式（1-6）。

（二）变量选取

1. 被解释变量：农村创业活跃度（REP）。借鉴黄亮雄等（2019）、许月丽等（2022）的研究方法，利用农村私营企业就业人数和个体就业人数之和与乡村人口总数的比重衡量农村创业活跃度，该比值越大，创业活跃度越高。

2. 核心解释变量：数字普惠金融指数（DIF）。借鉴郭峰等（2020）、崔建军和赵丹玉（2023）的研究方法，利用北京大学数字金融研究中心测算的中国数字普惠金融指数作为核心解释变量，该指数能够客观、全面地反映数字金融发展现状，其值越大，代表数字普惠金融水平越高。

3. 中介变量：收入激励效应（IC）。借鉴孟维福等（2023）的研究思路，以农村人均可支配收入的自然对数衡量。

4. 门槛变量：（1）以数字普惠金融覆盖广度（$DIF1$）作为第一个门槛变量。（2）以数字普惠金融使用深度（$DIF2$）作为第二个门槛变量。（3）以数字普惠金融数字化程度（$DIF3$）作为第三个门槛变量。（4）以传统金融发展水平（TF）作为第四个门槛变量。借鉴姜付秀等（2019）的研究思路，采用银行业的赫芬达尔指数作为传统金融发展水平的代理变量，其取值范围为 $0 \sim 1$，是一个逆向指标，值越小表示传统金融发展水平越高。

5. 控制变量：为控制其他因素对农村创业活跃度的干扰，以尽可能减少估计偏误，故借鉴钟真等（2019）、张林和温涛（2020）、邓金钱和张娜（2022）的研究思路，选取控制变量如下：（1）市场化程度（MK）：以各省份樊纲市场化指数表示。(2) 城镇化率 (*CS*): 以城市年末人口占总人口的比重表示。(3) 农村机械化水平 (*JX*): 以农业机械总动力占耕地面积的比重表示。(4) 农村人力资本水平 (*EDU*): 以农村居民平均受教育年限表示。(5) 公路通达强度 (*GL*): 以每平方公里公路里程数表示。

(三) 数据来源说明

基于数据可得性和实证研究的需要,选取 2011~2021 年 31 个省份的年度数据作为研究样本,数字普惠金融指数来自北京大学数字普惠金融研究中心官网;其他宏观经济数据分别来自国家统计局、国泰安数据库、EPS 数据库、《中国市场化指数报告》以及中国银保监会网站的相关数据,个别缺失值采用年均增速法进行补充,共计 341 个面板数据。表 1-1 提供了各变量描述性统计结果。

表 1-1 　　　　　　　　　描述性统计结果

变量	样本量	平均值	标准差	最小值	最大值
REP	341	0.2704	0.4196	0.0270	2.5941
DIF	341	230.4609	103.3629	16.2200	458.9700
DIF1	341	211.6459	103.9233	1.9600	433.4200
DIF2	341	225.9221	105.8761	6.7600	510.6900
DIF3	341	300.8457	116.9249	7.5800	462.2300
MK	341	7.8294	2.2174	-0.1610	12.3900
CS	341	0.5867	0.1308	0.2281	0.8960
JX	341	0.7021	0.3662	0.2516	2.6979
EDU	341	7.6890	0.8177	3.8038	9.9291
GL	341	0.9281	0.5273	0.0514	2.3624
IC	341	9.4008	0.4161	8.3612	10.5590
TF	341	0.1111	0.0954	0.0413	0.6711

四、实证分析

（一）基准回归结果

表 1 - 2 为数字普惠金融对农村创业活跃度影响的线性估计结果。其中，第（1）列、第（3）列、第（5）列都只加入核心解释变量，分别为控制时间固定效应、地区固定效应、时间和地区双固定效应的估计结果；第（2）列、第（4）列、第（6）列均在上述三列的基础上加入控制变量。回归结果如表 1 - 2 所示，影响系数均在 1% 统计水平上显著为正，表明数字普惠金融发展对农村创业活动开展具有积极推动作用。鉴于不同地区、时点的数字金融利用情况不尽相同，为有效降低数字普惠金融对农村创业活动赋能效果高估的可能，故以第（6）列为准，采用时间和地区双固定效应进行模型估计更具准确性。农村居民在通过数字普惠金融获得金融服务后，将能够显著改善创业环境、降低创业风险，从而有助于提升其创业行为的发生概率，假说 1 得到验证。

表 1 - 2　　　　　　　　　　基准回归结果

变量	(1)	(2)	(3)	(4)	(5)	(6)
	REP	REP	REP	REP	REP	REP
DIF	0. 0107 *** (8. 191)	0. 0116 *** (6. 608)	0. 0010 *** (10. 405)	0. 0022 *** (6. 750)	0. 0069 *** (3. 891)	0. 0033 *** (3. 381)
MK		-0. 1355 *** (-7. 483)		0. 0183 (1. 183)		0. 0373 ** (2. 390)
CS		1. 2916 *** (5. 393)		-3. 7797 *** (-4. 856)		-5. 2379 *** (-6. 953)
JX		-0. 1683 *** (-2. 901)		0. 1801 ** (2. 325)		0. 2635 *** (3. 464)
EDU		-0. 0416 (-0. 833)		0. 1099 * (1. 855)		0. 0084 (0. 155)

续表

变量	（1） REP	（2） REP	（3） REP	（4） REP	（5） REP	（6） REP
GL		0.2563 *** （4.985）		0.1632 * （1.757）		0.1224 （1.531）
Constant	-0.2888 *** （-4.888）	0.1387 （0.692）	1.0036 *** （9.215）	2.3388 *** （2.971）	0.4714 ** （2.332）	4.2390 *** （5.043）
控制变量	未控制	已控制	未控制	已控制	未控制	已控制
地区固定效应	未控制	未控制	已控制	已控制	已控制	已控制
时间固定效应	已控制	已控制	未控制	未控制	已控制	已控制
样本量	341	341	341	341	341	341

注：括号里是 t 值，∗、∗∗ 和 ∗∗∗ 分别表示在10%、5%和1%的显著性水平上显著。

（二）稳健性检验

1. 分维度检验。考虑到数字普惠金融是个综合性概念，涉及覆盖广度（DIF1）、使用深度（DIF2）和数字化程度（DIF3）三个维度，涵盖着不同的结构差异，故需要进一步分析数字普惠金融不同维度与农村创业活跃度之间的关系。数字普惠金融指数不同维度的回归结果如表1-3第（1）列、第（2）列、第（3）列所示，三个子维度均对农村创业活跃度产生积极影响，与基准回归结果基本符合，研究结论准确性得到验证。

表1-3 　　　　　　　　　　　　　稳健性检验

变量	（1） REP	（2） REP	（3） REP	（4） REP	（5） REP
DIF1	0.0039 *** （3.123）				
DIF2		0.0010 * （1.706）			
DIF3			0.0011 *** （3.051）		

续表

变量	(1)	(2)	(3)	(4)	(5)
	REP	*REP*	*REP*	*REP*	*REP*
DIF_w				0.0029 ***	
				(2.883)	
DIF					0.0019 **
					(2.043)
Constant	4.9130 ***	4.4846 ***	4.3527 ***	4.6397 ***	3.7704 ***
	(5.589)	(5.234)	(4.911)	(5.222)	(3.985)
控制变量	已控制	已控制	已控制	已控制	已控制
地区固定效应	已控制	已控制	已控制	已控制	已控制
时间固定效应	已控制	已控制	已控制	已控制	已控制
样本量	341	341	341	341	279

注：括号里是 t 值，*、** 和 *** 分别表示在10%、5%和1%的显著性水平上显著。

2. 双侧1%缩尾。为避免异常值和离群值影响估计回归结果的准确性，本书对数据进行双侧1%的缩尾处理。实证回归结果如表1-3第（4）列所示，数字普惠金融影响系数仍然在1%统计水平上显著为正，即数字普惠金融发展可以有力支持农村创业活动开展，有效验证基准回归的稳健性。

3. 调整样本期。鉴于自2012年后，中国所面临增速换挡和结构调整的双重压力可能会影响模型估计准确性，故剔除2013年之前样本再次进行回归，实证结果如表1-3第（5）列所示，数字普惠金融回归系数依旧在5%统计水平上显著为正，表明数字普惠金融能够赋能农村创业活动，进一步强化基准回归的可靠性。

4. 工具变量检验。尽管已对相关变量、时间与年份固定效应进行控制，但仍存在潜在因素会影响模型估计结果存在偏差，为论证上述结论合理性，利用二阶段最小二乘法进行内生性检验。首先，考虑到数字普惠金融起源于杭州，故选取各省省会到杭州的距离（对数）作为第一个工具变量。"各省省会与杭州之间的距离"与当地的数字金融发展水平关联度较高，具体表现为以杭州为中心的扩散状态，也即离杭州距离越远，越不易受到杭州金融科技发展的辐射，且该距离与农村创业活跃度无明显相关关系，是一个较为外生的工具变量，符合工具变量选取相关条件。但由于各省省会到杭州市的距离不会发生变化，难以适应本书所使用的面板数据进行回归，无法开展工具变量估计。为此本书借鉴李彦龙和沈艳（2022）的研究思路，从截面维度即仅控制时间固定效应进行模型估计。回归结果如表 1 - 4 所示，两阶段估计方法中第一阶段的 F 值大于 16.38，且在 1% 的统计水平上显著，通过弱识别检验，进一步证实工具变量选取的合理性。并且在内生性问题得到有效控制后，发现数字普惠金融与农村创业活跃度之间的正向关系依然成立，基础回归结果准确性得到再次验证。

表 1 - 4　　　　　　　　工具变量检验：各省省会与杭州之间距离

变量	(1)	(2)
	DIF	*REP*
工具变量	- 5.0222 *** (- 7.990)	
DIF		0.0077 *** (3.119)
Constant	- 19.2209 * (- 1.892)	- 0.1006 (- 0.442)
控制变量	已控制	已控制
地区固定效应	未控制	未控制
时间固定效应	已控制	已控制
一阶段 *F* 值	63.8388	—
样本量	341	341

注：括号里是 *t* 值，* 、 *** 分别表示在 10% 、1% 的显著性水平上显著。

此外，为使得到的结论更具准确性，参考孙学涛等（2022）选取工具变量的方法，利用滞后一期数字普惠金融进行工具变量法检验。鉴于数字普惠金融的影响可能存在滞后性，故"滞后一期数字普惠金融"与当期的数字普惠金融发展水平两者之间相关性较强，且和农村创业活动之间关联度不高，满足工具变量选取相关和外生条件。利用二阶段最小二乘法展开内生性分析，回归结果如表 1 - 5 所示，第一阶段的 F 值大于 16.38，且在 1% 的统计水平上显著，表明不存在弱工具变量，证实工具变量选取合理性。并且在控制内生性问题后，数字普惠金融与农村创业活跃度之间正向相关性依旧明显，与基础回归保持一致，结果稳健。

表1-5　　　　　　　工具变量检验：滞后一期数字普惠金融

变量	(1)	(2)
	DIF	*REP*
工具变量	0.7768 *** (18.266)	
DIF		0.0028 ** (2.366)
Constant	125.2426 *** (3.648)	4.4441 *** (5.337)
控制变量	已控制	已控制
地区固定效应	已控制	已控制
时间固定效应	已控制	已控制
一阶段 *F* 值	333.6470	—
样本量	310	310

注：括号里是 *t* 值，** 、*** 分别表示在5%、1%的显著性水平上显著。

（三）异质性分析

为深入探究数字普惠金融与农村创业活跃度的关系在地理区位上是否存在异质性，需将样本划分为东部与中西部两组。回归结果如表1-6所示，东部地区数字普惠金融在1%统计水平上正向影响农村创业活跃度，而对中西地区农村创业活跃度的赋能作用不显著。可能的原因是，东部地区经济发达、金融制度环境良好，是数字普惠金融的先行示范区，且该地居民的金融素养相对较高，便于享受到数字金融发展红利，故东部地区数字普惠金融对农村创新创业活力的提升效果可能更强。而相比东部发达地区，中西部地区尚处经济发展落后阶段，金融体系较为薄弱，基础设施不完善，致使数字普惠金融发展受限；且中西部地区地广人稀，留乡群体多为老龄人口，数字普惠金融普及和应用程度较低，存在的"弱势群体"和"数字技术鸿沟"等问题不利于充分发挥数字普惠金融对农村创业活动的赋能作用，故中西部地区影响系数不显著。

表1-6   异质性分析

变量	(1)	(2)
	东部	中西部
DIF	0.0071 ***	0.0009
	(4.694)	(0.890)
Constant	3.4841 ***	0.8434 *
	(2.677)	(1.705)
控制变量	已控制	已控制
地区固定效应	已控制	已控制
时间固定效应	已控制	已控制
样本量	132	209

注：括号里是 *t* 值，* 、*** 分别表示在10%、1%的显著性水平上显著。

五、进一步分析

（一）中介效应检验

为进一步探究数字普惠金融对农村创业活跃度的机制黑箱，采用中介效应模型实证检验收入激励效应在此过程中充当的机理作用，表1-7为中介效应回归检验结果。

表1-7为数字普惠金融通过收入激励效应对农村创业活跃度产生的影响。首先，第（1）列结果表明中介变量未添加时，数字普惠金融对农村创业活跃度的影响系数为0.0033，且在1%的统计水平上显著为正，主效应得到验证。其次，加入中介变量后，数字普惠金融对中介变量具有显著推动作用，其回归系数为0.0006。最后，第（3）列结果将解释变量与中介变量同

时纳入回归模型，两者回归系数分别为 0.0029、0.7139，均有益于提升农村创业活跃度，说明中介变量选取合理，假说 2 得到验证。可能原因，一是数字支持金融服务能够提高融资成功率，为农村创业者缓解燃眉之急，有益于提升农村创业行为发生的可能性，从而对农村创业绩效产生积极影响。二是数字普惠金融可以克服金融服务的空间障碍，帮助农村金融抑制群体解决面临的预算和流动性约束问题，改善金融服务的可得性，为促进农村居民增收提供可能性；此外农村居民增收是影响农村创业活动可持续发展的重要力量，增加农村居民可支配收入能够为农村创业活跃度提升注入新的活力。

表 1 - 7　　　　　　　　　　　　中介效应分析

变量	（1）	（2）	（3）
	REP	*IC*	*REP*
DIF	0.0033 ***	0.0006 ***	0.0029 ***
	（3.381）	（2.813）	（2.980）
IC			0.7139 **
			（2.121）
Constant	4.2390 ***	8.1929 ***	-1.6098
	（5.043）	（46.230）	（-0.570）
控制变量	已控制	已控制	已控制
地区固定效应	已控制	已控制	已控制
时间固定效应	已控制	已控制	已控制
样本量	341	341	341

注：括号里是 *t* 值，** 、*** 分别表示在 5%、1% 的显著性水平上显著。

（二）拓展分析：门槛效应检验

鉴于数字普惠金融各子维度和传统金融在不同发展条件下，数字普惠金融对农村创业活跃度影响可能存在差异，故利用自举法（bootstrap）反复抽样 300 次以验证覆盖广度、使用深度、数字化程度及传统金融发展水平 4 个门槛变量是否具有门槛效应，倘若存在，则继续检验相应门槛个数和门槛水平。

表 1 - 8 报告各个门槛变量的门槛效应自抽样检验结果。可以发现，覆

盖广度门槛变量单门槛检验和双门槛检验分别在1%、5%统计水平上显著，而三重门槛效应未通过10%统计水平上检验，说明覆盖广度门槛变量具有双门槛效应。使用深度门槛变量单门槛检验在10%统计水平上显著，而双重门槛效应未通过10%的统计水平上检验，说明使用深度门槛变量具有单门槛效应。数字化程度门槛变量单门槛检验在5%统计水平上显著，而双重门槛效应未通过10%统计水平上检验，说明数字化程度门槛变量具有单门槛效应。另外传统金融发展水平门槛变量未通过双门槛检验，而单门槛检验在1%统计水平上显著，表明传统金融发展水平门槛变量具有单门槛效应。

表1-8　　　　　　　　　　　门槛效应检验结果

门槛变量	模型	F 值	P 值	10%临界值	5%临界值	1%临界值	BS 次数
*DIF*1	单一门槛	55.55	0.0067	30.8183	35.6926	44.5191	300
	双重门槛	22.87	0.0133	14.3342	15.7120	24.5300	300
	三重门槛	13.40	0.5400	38.1850	47.5787	80.8472	300
*DIF*2	单一门槛	45.11	0.0867	43.9374	55.5489	72.6552	300
	双重门槛	20.40	0.3300	31.5647	39.7716	46.8893	300
*DIF*3	单一门槛	41.67	0.0233	32.8412	37.5654	46.6851	300
	双重门槛	23.94	0.3233	33.3728	37.1131	47.1171	300
TF	单一门槛	54.94	0.0033	26.6066	32.5252	46.9513	300
	双重门槛	17.52	0.1533	20.3061	24.0021	33.2051	300

其次表1-9对门槛效应值进行估计，结果发现覆盖广度单重门槛值和双重门槛值分别为194.8900和281.0500；使用深度单重门槛值为60.7300；数字化程度单重门槛值为93.4200；传统金融发展水平的单重门槛值为0.0812。

表1-9　　　　　　　　　　　门槛值结果

门槛变量	门槛值	估计值	置信区间下限	置信区间上限
*DIF*1	门槛值 y	194.8900	182.7550	199.5300
	门槛值 y_1	281.0500	271.5900	284.3900
*DIF*2	门槛值 y_2	60.7300	55.5800	78.6850
*DIF*3	门槛值 y_3	93.4200	70.1450	111.9400
TF	门槛值 y_4	0.0812	0.0807	0.0819

首先基于表 1-10 第（1）列覆盖广度的门槛效应检验发现，覆盖广度两个门槛值将样本分为三个区间，当覆盖广度低于第一个门槛值 194.8900时，数字普惠金融回归系数显著为 0.0015，当覆盖广度介于两个门槛值之间时，数字普惠金融回归系数显著为 0.0019，当覆盖广度大于第二个门槛值 281.0500 时，数字普惠金融回归系数显著为 0.0023。伴随数字普惠金融覆盖广度持续扩大，会进一步增强其对农村创业活跃度的提升功效，遵循"边际效应"递增的非线性促进趋势。可能原因是，农村、欠发达地区金融服务覆盖面不断拓宽，能够让处于"长尾"部分的"中小微弱"群体从中受益。其次第（2）列、第（3）列关于使用深度和数字化程度门槛检验结果可以看出，使用深度一个门槛值将样本分为两个区间，当使用深度低于门槛值 60.7300 时，数字普惠金融回归系数显著为 0.0075，当使用深度大于门槛值 60.7300 时，数字普惠金融回归系数显著为 0.0026。数字化程度一个门槛值将样本分为两个区间，当数字化程度低于门槛值 93.4200时，数字普惠金融回归系数显著为 0.0070，当数字化程度大于 93.4200时，数字普惠金融回归系数显著为 0.0029。基于对比不同区间影响系数的大小可以看出，在使用深度和数字化程度不同阈值范围内，数字普惠金融对农村创业活跃度的影响具有非对称性。可能原因是，数字普惠金融的使用深度和数字化程度受农村相关基础设施限制，故在一定程度上会削弱数字普惠金融对农村创业活跃度的激励功效。最后从表 1-10 第（4）列的单门槛模型回归结果可以看出，在以传统金融发展水平为门槛变量，数字普惠金融对农村创业活跃度存在非线性影响。一个门槛值将样本分为两个区间，当传统金融发展水平低于门槛值 0.0812 时，数字普惠金融回归系数显著为 0.0024，当传统金融发展水平高于门槛值 0.0812 时，数字普惠金融回归系数显著为 0.0018。可能原因是，农村创业活动受传统金融服务的影响较大，伴随赫芬达尔指数的不断提高，意味着银行业竞争程度逐渐削弱、传统金融发展水平呈现下降趋势，可能会导致农村信贷供给不足，难以支撑农村"三产"融合发展，进而会削弱数字普惠金融的农村创业激励效应。

表 1-10 门槛效应回归结果

门槛变量	(1)	(2)	(3)	(4)
	REP	REP	REP	REP
DIF ($DIF1 \leqslant 194.8900$)	0.0015*** (2.986)			
DIF ($194.8900 < DIF1 \leqslant 281.0500$)	0.0019*** (3.401)			
DIF ($DIF1 > 281.0500$)	0.0023*** (3.683)			
DIF ($DIF2 \leqslant 60.7300$)		0.0075*** (4.460)		
DIF ($DIF2 > 60.7300$)		0.0026*** (3.979)		
DIF ($DIF3 \leqslant 93.4200$)			0.0070*** (4.403)	
DIF ($DIF3 > 93.4200$)			0.0029*** (3.751)	
DIF ($TF \leqslant 0.0812$)				0.0024*** (3.988)
DIF ($TF > 0.0812$)				0.0018*** (3.401)
Constant	1.5169* (1.934)	0.9424 (1.504)	1.3862* (1.738)	0.6497 (1.069)
控制变量	已控制	已控制	已控制	已控制
地区固定效应	已控制	已控制	已控制	已控制
时间固定效应	已控制	已控制	已控制	已控制
样本量	341	341	341	341

注：括号里是 t 值，*、*** 分别表示在 10%、1% 的显著性水平上显著。

六、研究结论与政策建议

数字普惠金融发展对于缓解"三农"问题和全面推进乡村振兴具有重要

意义。本书以 2011～2021 年 31 个省份为研究样本，采用双向固定效应模型、中介效应模型和面板门限模型重点探索数字普惠金融对农村创业活跃度的影响及其作用机理，结果表明如下：

第一，数字普惠金融发展能够显著提升农村创业活跃度。依托于数字普惠金融可以有效改善传统农村金融发展受限和触达能力弱等现象，激发农村居民创业热情，同时伴随农村数字普惠金融征信体系建设不断完善，能够为"三产"融合发展提供坚实后盾，极大提高农村创业行为发生的概率。

第二，数字普惠金融对农村创业活跃度的影响具有区域异质性。东部地区数字普惠金融对农村创业活动具有显著正向激励功效，中西部地区该作用效果不显著。中西部地区在数字金融基础设施建设和传统金融发展方面相对落后，存在的"数字技术鸿沟"和"金融排斥"问题会降低金融服务可得性，故难以依托数字普惠金融助益农村创业活动兴起。

第三，收入激励效应是数字普惠金融影响农村创业活跃度的重要传导机制。收入增长是提振乡村内需的根本路径，数字普惠金融发展能够破除流动性约束，推动农村居民多元增收；同时伴随互联网保险不断发展，可以提升金融风险控制水平，进而有效改善农村居民的风险平滑能力，促进农村居民收入可持续增长。

第四，数字普惠金融对农村创业活跃度影响存在基于覆盖广度、使用深度、数字化程度及传统金融发展水平的门槛效应。加快提高数字普惠金融服务广度、使用深度和数字化程度，可以为开展农村创业活动提供有力支持，同时传统金融机构和数字普惠金融业务的交叉结合，能够推动传统金融机构的转型升级，助力实现各方互补的全功能作用，进而赋能农村创业行为。

基于上述结论，提出如下建议：第一，推进数字基础设施建设，深化数字普惠金融发展。要加快推进网络、通信等基础设施建设，改善农村地区网络环境，有效普及农村互联网，挖掘数字技术与普惠金融的契合点，打通数字金融发展的"最后一公里"，为数字金融发挥"普惠性"作用提供技术保障，增加长尾群体的金融可及性，激发农村居民的创业热情。第二，发挥数字金融均衡效应，消融落后地区"数字技术鸿沟"。要破解金融地域歧视问题，增强数字普惠金融的辐射范围与网络效应，重点帮扶中西部地区的数字化基础和传统金融建设，扩大金融服务范围；因地制宜实施差异化数字金融方略，创新数字普惠金融产品和多样化服务的供给方式，为农村地区产业发展提供强力支撑。第三，着力提升数字金融素养，强化农民增收涓滴效应。要落实数字普惠金融的"普惠"功能，加强数字金融相关知识的普及和宣传，培育农村居民的信息技能，推动适应数字金融服务，激活农村地区潜在增长点，实现农村居民收入的"提质扩容"，为农村创业活动注入内生动力。第四，拓宽数字金融应用范围，补齐传统金融发展短板。应以覆盖广度为发展的重心，推动数字技术广泛运用于各金融业务场景，强化数字普惠金融在激发创业活力当中的作用；同时注重发挥农村数字金融与传统金融的协同效应，利用数字技术进行产品创新和服务创新，不断完善信息终端和服务供给，促进传统金融机构转型升级，提高农村创业活动开展的可持续性。

第二章

数字技术与农户共同富裕研究

现阶段中国逐步进入数字化时代，未来共同富裕必然要以数字技术为依托有序推进（夏杰长，刘诚，2021）。从"宽带中国"到"数字乡村"顺利推进，数字技术不断向村庄延伸，在深刻改变农户生产生活方式同时也为农村孕育新发展机会（田红宇，王媛名，2021）。智能手机、移动网络在农户中普及程度不断提高，以互联网为代表的数字技术对农户共同富裕产生何种影响。这个问题的回答对农户共同富裕实现起到重要作用。

一、文献综述

当前大多数学者对数字技术赋能农户共同富裕实现持有积极态度。数字技术具有的高技术与共享性两大特征，在为经济增长注入动力的同时，也为均衡发展提供共享作用（祝嘉良等，2022）。数字技术有效拓宽了农村弱势群体的非农就业渠道，提升了农村劳动力的非农就业率，为共同富裕提供了技术与路径（王浩林，王子鸣，2022）。数字技术提高了农业信息传播速度，改善了农户收入结构，提升了农民工福利水平（Lee & Kim，2004；胡伦、陆迁，2021）。杨波等（2020）指出数字技术推动落后地区与低收入群体摆脱信贷和资金约束，便于农户开展创业和资产投资等经济活动。而共同富裕不仅强调收入增加，也注重让全体人民参与共创共建，共享发展成果（王一鸣，2020；刘培林等，2021）。周广肃和梁琪（2018）指出数字技术促使交流方式趋向多元化，拓宽社会网络，缓解"社交排斥"问题，改善社会资本不平等现状。德特兰（Dettling，2017）指出数字技术通过提高求职者社会资本和人力资本促进非农就业。伴随数字技术与社会生活融合程度不断加深，"互联网＋政务服务"让落后群体享受优质教育、医疗、文化等服务（温锐松，2020）。数字技术能够在运行过程中产生溢出效应与协同效应，拓宽不同社会群体参与发展、共享成果的渠道，有利于社会财富增加、社会福利提升和社会公平分配（孙晋，2021；强国令，商城，2022）。然而，也有学者指出数字技术不利于农户共同富裕实现。由于农村信息技术设施存在短板，数字技术使用能力不足引发"数字技术鸿沟"问题，数字弱势群体更倾向于娱乐化应用"数字信息"，难以发挥资本和资源优势效应，扩大不同地区、不同社会阶层之间的"经济鸿沟"（侯建昀，霍学喜，2017；尹志超等，2021）。同时，低技能人口未来将被人工智能等数字技术所替代，致使部分低技能就业者面对失业风险，形成新的贫富分化问题（田鸽，张勋，2022）。此外，李金昌和任志远（2022）认为数字技术存在着扩大阶层差距，加重社会不平等。

综上所述，实现共同富裕和解决相对贫困恰如一枚硬币的两面，多维相对贫困既包括反映"贫"的经济维度，也包括反映"困"的社会发展维度，与共同富裕高度契合，共同富裕是一个相对贫困的治理过程，数字技术作为新时代经济发展新动能，对于缓解相对贫困实现共同富裕目标发挥不可替代作用。相比已有文献，本书边际贡献主要有以下三点：第一，现有文献多侧重强社会网络关系对农户共同富裕的作用，而鲜有文献分析弱社会网络关系对农户共同富裕作用，探讨数字技术通过强社会网络关系与弱社会网络关系对农户共同富裕的机制作用。第二，现有文献多从当前已具备的健康、教育人力资本视角分析，鲜有文献从数字技术赋能人力资本投资角度出发，探究其对农户共同富裕产生的间接影响。第三，现有文献多侧重非农就业即"离乡"型非农就业对于农户共同富裕的影响研究，更多关注外出务工角度，鲜有文献将"离乡"型与"离土"型非农就业置于同一框架探讨农户共同富裕作用机制。

二、理论分析与研究假说

（一）数字技术对于农户共同富裕的直接影响

数字技术对"富裕"的影响。共同富裕中"富裕"强调生产力高度发达，收入水平得到较大提升，物质生活获得极大满足。当前数字技术已然成为经济发展的重要引擎，数字技术通过对生产端和生活端共同作用于"富裕"。首先，在新一轮科技革命与产业变革浪潮下，数字技术在生产端为农业生产、管理、营销带来效率变革，培育出新产品、新模式和新业态，推动数字技术与农业生产互嵌，适应市场需求变迁，促进农户增收。其次，数字技术在生活端日渐成为农户工作和生活的重要工具，改变农户经济行为和生活方式，表现出极大的发展韧性和爆发力。此外，数字技术改善农户认知与非认知能力，扩大信息传输范围，有效降低求职所耗费的信息搜寻成本，拓宽农户收入来源，改善收入不平等现状，增进农户民生福祉。

数字技术对"共同"的影响。共同富裕中"共同"强调共享发展成果、共同过上幸福美好生活，既要实现"富裕"，也要实现"共享"。因此富裕范围不仅包括农户收入情况，还包括农户的资产情况、生活状况、社会保障、教育程度、主观感受等多个层面。其中，关于资产维度，数字技术有助于农户获取金融产品的相关消息，规避金融市场的信息不对称性，激发农户家庭参与金融市场投资热情，增加农户家庭金融投资"财富效应"。关于生活维度，数字技术应用于农户日常生活中，实现科学高效的生活管理，避免水资源浪费。关于健康维度，数字技术采纳能够打破专业知识壁垒，方便医疗、健康等专业信息获取，强化农户个体健康行为培养，有助于农户更好地管理自身健康；另外对于农村留守中老年群体，通过数字技术可足不出户检索海量信息，选择合适治疗方式，改善落后地区居民健康状况。关于教育维度，互联网等数字技术教育的深度融合，为疫情期间开展"停课不停学"在线教学提供技术支持，有效整合具有复杂性、碎片化特点教育资源，促进教育资源优化配置，提高教育资源共享程度，推动教育公平实现。关于主观感受维度，数字技术凭借高效与便捷的优势特征，加强农户之间沟通体验，可有效缓解留守人群的孤独感和不适感，改善身心健康，提升农户生活感受满意度与幸福度。基于上述分析，提出假说1。

假说1：数字技术有利于促进农户共同富裕。

（二）数字技术的社会网络效应

社会网络作为农户获取信息的渠道之一，社会网络可分为强社会网络和弱社会网络。其中，以血缘、亲缘、地缘为主的强社会网络是沟通农村社区成员之间的桥梁与纽带，给予个人更强有力的物质与情感支持，帮助维持已有紧密关系，通过人情信任建立合作机制，降低沟通与交流成本。弱社会网络联接不同，受教育程度、收入水平和职业背景的农户群体影响，是农户个人发展与收入代际流动性的"外核"。随着数字技术在居民生产生活渗透作用不断加强，有利于突破传统沟通的物理障碍，降低信息交流成本，发展与维护社会网络，便于农户及时获取劳动力市场信息，提升工作寻找效率，为农户创造有效价值。具体而言，数字技术与社会领域日渐融合，维系邻里关系，助力强社会网络关系发挥维系社会的"胶合剂"作用；同时数字技术普及能够为农户家庭给予外部支持，拓展弱社会网络关系，便捷农户获取就业信息，有助于农户实现共同富裕。基于上述分析，提出假说2、假说2a和假说2b。

假说2：数字技术利用通过社会网络效应促进农户共同富裕；
假说2a：弱社会网络在促进农户共同富裕中发挥正向的中介效应；
假说2b：强社会网络在促进农户共同富裕中发挥正向的中介效应。

（三）数字技术的人力资本效应

人力资本是由农户个体所拥有的知识、技能和劳动经验构成，聚集在农户内在的人力资本对农村可持续发展具有重要作用。人力资本积累消弭"能力鸿沟"，提升农户获取各种信息和资源能力，为农户就业和职业发展提供机会，促进农户从事非农就业。教育作为人力资本理论核心，是提升内生发展动力的重要影响因素，农村受教育水平较高的农户在城市中获取就业与高收入更具比较优势。数字技术与教育领域的跨界融合将发挥重要作用。数字技术推动教育结构性变革，促进教育数字化与智能化发展，提升农村落后地区农户人力资本存量积累，增强农户职业竞争能力，助力农户家庭收入增加。基于上述分析，提出假说3。

假说3：数字技术利用通过人力资本效应促进农户共同富裕。

（四）数字技术的非农就业效应

非农就业可通过"离乡"型非农就业和"离土"型非农就业共同作用于农户共同富裕。首先，"离乡"型非农就业即农民离开家乡，选择外出务工。相比较从事农业生产，外出务工可获得相对更高工资性收入回报，优化家庭经济结构配置，实现社会福利改善。其次，"离土"型非农就业为农村创造大量就业岗位，有利于农户非农就业，提升农户个人经济水平，提高农户的生活质量。数字技术强大信息传送优势及派生的学习效应，促进农户转移非农就业，致使农户从事"离乡"型非农就业。同时数字技术在农村地区普及与应用便于"小农户"对接"大市场"，从交易、物流、金融等多个方面为草根创业者赋能，充分发挥"城市替代"功能，进而促进"离土"型非农就业，并且广泛社会网络在一定程度上降低农户对亲缘信任关系的依赖程度，破除传统社会资本对农户创业的约束，进而促进农户创业。基于上述分析，提出假说4、假说4a和假说4b。

假说4：数字技术利用通过带动非农就业效应促进农户共同富裕；

假说4a："离乡"型非农就业在促进农户共同富裕中发挥正向的中介效应；

假说4b："离土"型非农就业在促进农户共同富裕中发挥正向的中介效应。

三、研究设计

（一）数据来源

采用 2018 年中国家庭追踪调查（CFPS）微观数据，该数据库包括个人、家庭层面变量，并与 2014 年 CFPS 村庄层面变量相匹配，在全国样本中筛选出农户样本，剔除异常值和极端值后，可得到共 1560 个农户样本数据。

（二）变量选取

1. 被解释变量：农户共同富裕。参考罗明忠和刘子玉（2022）选取农户多维相对贫困缓解作为共同富裕的代理变量，倘若数字技术利用有益于农户多维相对贫困缓解，表示对农户共同富裕的实现也具有正向作用。农户共同富裕指标构建如表 2－1 所示。

表 2－1　　　　　　　　　　农户共同富裕指标构建

维度	指标	临界值	权重
收入	人均家庭纯收入	人均家庭纯收入多于 2800 元赋值为 1，否则为 0	1/6
资产	金融产品	持有任一金融产品赋值为 1，否则为 0	1/12
	现金及存款	人均可支配收入高于农村最低标准的赋值为 1，否则为 0	1/12
生活	生活用水	使用清洁用水赋值为 1，否则为 0	1/12
	生活燃料	家庭能使用生活燃料赋值为 1，否则为 0	1/12
健康	健康自述	若自述为健康赋值为 1，否则为 0	1/18
	医疗保障	若已购买任何性质医疗保险赋值为 1，否则为 0	1/18
	重疾情况	去年家庭成员无住院的赋值为 1，否则为 0	1/18
教育	义务教育	家庭主要成员受教育年限高于 9 年的赋值为 1，否则为 0	1/12
	藏书量	家庭藏书量多于 40 本的赋值为 1，否则为 0	1/12
主观感受	社会地位	自评社会地位较好的赋值为 1，否则为 0	1/12
	生活满意度	自我感觉生活满意度较好的赋值为 1，否则为 0	1/12

2. 核心解释变量：数字技术参考左孝凡和陆继霞（2020）、宋林和何洋（2020）选取参考 CFPS 微观数据库中"是否移动上网"和"是否电脑上网"两个题项，若其中一个回答"是"，则代表数字技术。

3. 中介变量：（1）中介变量社会关系网络参考王浩林和王子鸣（2022）选取问卷中"人情礼支出"作为强社会网络关系的代理变量，"通信费用支出"作为弱社会网络关系的代理变量。（2）中介变量人力资本参考吴玲萍等（2018）选取问卷中"教育培训支出"作为人力资本投资的代理变量。（3）中介变量非农就业参考刘魏和张应良（2018）选取问卷中"外出务工比例"作为"离乡"型非农就业的代理变量，"是否从事个体私营活动"作为"离土"型非农就业的代理变量。

4. 控制变量：参考王璇和王卓（2021）、董晓林等（2021）、刘愿理等（2022）选取的控制变量包括为个人、家庭和村庄三个层面。具体而言，个人层面包括性别、年龄、配偶和受教育程度四个方面，家庭层面包括是否还有其他房产和政府补助两个方面，村庄层面包括村庄道路整洁情况和村庄房屋拥挤情况两个方面。

（三）模型设计

依据上述分析，构建数字技术赋能农户共同富裕的基准回归模型为：

$$CP = \alpha_0 + \alpha_1 DE + \alpha_2 X_i + \varepsilon_{i1} \tag{2-1}$$

其中，CP、DE 分别为农户共同富裕指数和数字技术，X_i 为个人、家庭和村庄层面控制变量；α_1 和 α_2 分别为核心解释变量和控制变量的系数；ε_{i1} 为随机干扰项。

描述性统计见表 2-2。

表 2-2 描述性统计

变量	变量定义	平均值	标准差
农户共同富裕	农户共同富裕得分	0.623	0.112
数字技术	是否利用互联网（0 = 否，1 = 是）	0.503	0.500
强社会关系网络	人情礼支出（万元）	0.423	0.568

变量	变量定义	平均值	标准差
弱社会关系网络	通信费用支出（万元）	0.221	0.205
人力资本投资	教育培训支出（万元）	0.387	0.728
"离乡"型非农就业	外出务工比例	0.535	0.499
"离土"型非农就业	是否从事个体私营活动（0=否，1=是）	0.099	0.298
性别	性别（0=女，1=男）	0.653	0.476
年龄	年龄（岁）	48.779	13.505
配偶	是否处于已婚状态（0=未婚，1=已婚）	0.882	0.323
受教育程度	受教育程度（0=文盲、半文盲，1=小学，2=初中，3=高中及以下，4=大学及以上）	2.141	0.699
是否还有其他房产	是否还有其他住房（0=否，1=是）	0.158	0.365
政府补助	是否接受政府补助（0=否，1=是）	0.620	0.486
村庄道路整洁情况	村庄道路是否整洁（0=否，1=是）	0.513	0.500
村庄房屋拥挤情况	村庄房屋是否拥挤（0=否，1=是）	0.562	0.496

四、实证分析

（一）基准回归

基准回归结果如表2-3所示，第（1）列未加入控制变量的回归结果显示数字技术系数显著为正，数字技术对于农户共同富裕实现存在正向促进作用。分别加入个人层面、家庭层面和村庄层面控制变量的第（2）列、第（3）列、第（4）列回归结果表明数字技术对农户共同富裕的影响系数在1%统计水平上显著为正，数字技术有利于农户共同富裕实现，假说1成立。首先，伴随乡村数字基础设施不断完善，更多农户使用互联网等数字技术，破解城乡"数字技术鸿沟"，解决信息不对称问题，为农户创业和就业提供更多选择机会，帮助农户实现多元增收。其次，农村数字技术范围不断拓展，有利于充分发挥数字技术"信息福利效应"，便利农户获取更多健康与教育知识，提升健康和教育素养，改善农户生活质量。最后，掌握数字信息技术能够缩小农户间距离，扩大社会交往网络，增进社会资本，提升农户主观感受。

表 2-3　　　　　　　　　　　　　基准回归

变量	(1)	(2)	(3)	(4)
	农户共同富裕	农户共同富裕	农户共同富裕	农户共同富裕
数字技术	0.039 *** (7.01)	0.025 *** (3.71)	0.023 *** (3.54)	0.022 *** (3.40)
性别		0.011 * (1.76)	0.012 ** (2.06)	0.013 ** (2.24)
年龄		-0.001 *** (-3.62)	-0.001 *** (-3.24)	-0.001 *** (-3.40)
配偶		0.021 ** (2.44)	0.019 ** (2.20)	0.019 ** (2.19)
受教育程度		0.015 *** (3.67)	0.013 *** (3.35)	0.014 *** (3.41)
是否还有其他房产			-0.009 *** (-4.85)	-0.009 *** (-4.65)
政府补助			-0.021 *** (-3.71)	-0.020 *** (-3.53)
村庄道路整洁程度				0.020 *** (3.37)
村庄房屋拥挤程度				-0.004 (-0.63)
常数项	0.604 *** (152.47)	0.599 *** (33.10)	0.652 *** (32.14)	0.643 *** (31.20)
样本量	1560	1560	1560	1560
R-squared	0.031	0.050	0.072	0.080

注：*、** 和 *** 分别表示在 10%、5% 和 1% 的统计水平上显著。

在个人控制变量层面，性别变量影响系数显著为正，受"男主外，女主内"传统思想影响，乡村男性在城市经济利益驱使下更多选择外出务工，从事非农就业，而女性为陪伴子女和照顾长辈，选择留守乡村。年龄变量回归系数显著为负，伴随农户年龄增长，"数字技术鸿沟"问题愈加凸显，老龄化人口无法充分享有信息社会带来的便利，难以充分发挥数字技术带来的红利优势。农户受教育程度变量影响系数显著为正，伴随农户受教育程度不断提升，善于利用数字化工具捕捉就业市场机遇，有利于农户收入增加。婚姻变量系数显著为正，与未婚群体相比，家庭资源整配更为合理，实现共同富裕概率更大。在家庭层面，有其他房产变量的影响系数显著为负，固定资产过度集中会造成农户间贫富差距持续扩大，不利于农户共同富裕实现；政府补助变量回归系数显著为负，伴随政府补助不断增加，可能会抑制农户从事非农工作积极性，导致收入渠道趋向单一化。在村庄层面，村庄道路整齐变量系数显著为正，表明村庄基础设施的完善对农户共同富裕实现给予强有力支持。村庄房屋拥挤程度变量系数不显著，对农户共同富裕实现可能存在"迟滞效应"。

（二）异质性分析

1. 年龄异质性。参考于潇和刘澍（2021）根据农户年龄进行分组，将样本 60 周岁以下划分为青壮年农户群体，61 周岁及以上划分为老年农户群体。实证结果如表 2 - 4 第（1）列和第（2）列所示，青壮年农户数字技术系数在 1% 统计水平上显著为正，老年农户数字技术回归系数为正但统计水平不显著。首先青壮年人具备相对较强新技术和新方法接受能力，互联网等数字技术可作一种新型生产工具，青壮年农户群体善于利用数字化工具捕获就业信息，为其提供新的发展机会和可能性。因此，数字技术利用对青壮年农户共同富裕实现更为显著。而由于"数字技术鸿沟"问题存在，老年农户群体正在逐渐成为"信息孤岛"，特别对于新兴数字技术学习能力较差，边缘于数字化社会，使用数字技术能力较弱，影响老年农户群体共同富裕实现进度。

2. 技能异质性。由于数字技术具有偏向性，参考吕世斌和张世伟（2015）按照农户受教育年限分组，将高中以下组划分为低技能农户群体，将高中及以上组划分为高技能农户群体。回归结果从表 2 - 4 中第（3）列、第（4）列不难看出，高技能群体影响系数在 1% 统计水平上显著为正，低技能群体数字技术影响系数在 5% 统计水平上显著为正，但高技能农户数字技术利用对共同富裕的赋能作用系数相对更大。首先高技能农户群体使用数字技术的频率更高，依托于数字技术获取资源能力较强，拥有较高质量信息资源，有助于劳动生产率提升，具有较强工资溢价效应。而对于低技能农户群体而言，由于受教育程度较低可能导致其"终身学习"理念淡薄，对于数字技术接纳能力不高，存在"数字技术鸿沟"，难以充分发挥数字技术带来的红利优势，引发新的不平等和社会分化问题，不利于受教育程度较低的农户通过数字技术实现共同富裕。

表 2-4　　　　　　　　　　　　异质性分析

变量	(1)	(2)	(3)	(4)
	青壮年	老年	低技能群体	高技能群体
数字技术	0.023 *** (3.20)	0.021 (1.20)	0.017 ** (2.09)	0.034 *** (2.60)
常数项	0.625 *** (26.72)	0.768 *** (8.37)	0.652 *** (20.55)	0.596 *** (18.27)
控制变量	控制	控制	控制	控制
样本量	1201	359	1041	519

注：** 、*** 分别表示在 5% 、1% 的统计水平上显著。

（三）稳健性检验

1. 替换被解释变量。为保证结果的稳健性，参照罗明忠和刘子玉（2022）将被解释变量替换为农户共同富裕状态（农户共同富裕得分大于 2/3，0 = 否，1 = 是），由于更换后被解释变量为二值虚拟变量，采用 Logit 法再次验证。结果如表 2-5 第（1）列所示，数字技术回归系数在 5% 统计水平上显著为正，表明替换被解释变量依然支持基准回归结论。

2. 双侧 1% 缩尾。考虑到可能存在的极端值和异常值问题，故对所有连续型变量进行双侧 1% 缩尾处理，验证回归结果如表 2-5 第（2）列所示，数字技术对农户共同富裕影响系数在 1% 统计水平上显著为正，结果与基准回归相符合，稳健性较好。

表 2 - 5   稳健性检验

变量	(1)	(2)	(3)	(4)
	替换被解释变量	双侧1%缩尾	增加控制变量	工具变量法
数字技术	0.285**	0.021***	0.022***	0.059***
	(2.24)	(3.31)	(3.35)	(3.80)
控制变量	控制	控制	控制	控制
常数项	-0.308	0.640***	0.619***	0.592***
	(-0.77)	(31.61)	(27.65)	(20.80)
F 值	—	—	—	351.372
样本量	1560	1560	1560	1560

注：**、***分别表示在5%、1%的统计水平上显著。

3. 添加控制变量。考虑到可能存在的遗漏变量问题，农户当前经济状况对农户共同富裕实现的进度存在正向影响，故加入农户当前经济状况作为控制变量进行实证回归，结果如表2-5第（3）列所示数字技术对农户共同富裕影响系数在1%统计水平上显著为正，结果较为稳健。

4. 内生性检验。数字技术对农户共同富裕实现存在正向促进作用，同时农户共同富裕的实现也有益于数字技术的普及使用，考虑到可能存在的反向因果关系导致内生性问题，影响模型估计准确性。参考韦倩和徐榕（2021）选择"互联网对获取信息重要性"作为工具变量。一方面，互联网作为获取信息重要性与数字技术利用高度相关。另一方面，"互联网作为获取信息重要性"与农户共同富裕之间关联度不高，满足工具变量选取的外生性条件。如表2-5第（4）列所示，经2SLS检验后F值为351.372，显著大于10%临界值，说明通过弱工具变量检验，所选取工具变量较为合理。通过工具变量法实证检验后，数字技术回归系数仍在1%统计水平上显著为正，数字技术对农户共同富裕实现具有强力支撑作用，与基准回归结果相符合，稳健性较好。

五、机制分析

为了更好地分析数字技术对农户共同富裕的机制作用，深入探讨数字技术通过社会网络效应、人力资本效应和非农就业效应影响农户共同富裕作用机理，参考江艇（2022）采用构建如下数字技术的中介变量的机制检验模型：

$$SR_1 = b_0 + b_1 DE + b_2 X_i + \varepsilon_{i2} \qquad (2-2)$$

$$SR_2 = c_0 + c_1 DE + c_2 X_i + \varepsilon_{i3} \qquad (2-3)$$

$$SR_2 = e_0 + e_1 DE + e_2 X_i + \varepsilon_{i4} \qquad (2-4)$$

$$SR_4 = f_0 + f_1 DE + f_2 X_i + \varepsilon_{i5} \qquad (2-5)$$

$$SR_5 = q_0 + q_1 DE + q_2 X_i + \varepsilon_{i6} \qquad (2-6)$$

（一）数字技术的社会网络效应

理论分析部分阐述数字技术可能会通过社会网络效应进而影响农户共同富裕实现，为验证假说2、假说2a和假说2b的准确性，故对社会网络效应作用渠道予以实证检验。其中在模型（2-2）、模型（2-3）中，SR_1 和 SR_2 分别为农户强社会网络和弱社会网络，其余变量定义与模型（2-1）相同。从表2-6中的机制分析结果中的第（1）列和第（2）列可以发现，数字技术在1%统计水平上均对强社会网络与弱社会网络存在显著正向促进作用。可能原因是：一方面，作为典型的人情社会，关系亲密程度对农户生产生活具有重要影响。以互联网为主的数字技术的普及带来信息交流与传播便利，有助于农户维持并拓展社会网，提升农户人际信任和增强政治参与，进而巩固强社会网络；有助于农户获取非正规金融资金支持，缓解农户群体融资约束问题，释放农户创业热情，拓宽收入来源，有助于缩小城乡收入差距，助力农户共同富裕。另一方面，数字技术促使农户获得更多信息和更多社会参与机会，为不同农户群体间有效沟通提供桥梁，有助于消除地区间、城乡间"数字技术鸿沟"，提升农户生活质量，促进共同富裕实现。这表明强社会网络和弱社会网络是数字技术赋能农户共同富裕的潜在作用渠道，因此假说2、假说2a和假说2b得到验证。但数字技术对于强社会网络的赋能作用系数更大，强社会网络对农户进行务工求职时贡献更大，数字技术对于强社会网络边际作用更为明显。

表 2 - 6   机制分析

变量	（1） 强社会关系 网络	（2） 弱社会关系 网络	（3） 人力资本 投资	（4） "离乡"型 非农就业	（5） "离土"型 非农就业
数字技术	0.125 *** (3.71)	0.035 *** (2.89)	0.079 * (1.81)	0.016 *** (2.85)	0.039 *** (4.25)
控制变量	控制	控制	控制	控制	控制
常数项	0.357 *** (3.39)	0.310 *** (8.25)	0.395 *** (2.89)	0.659 *** (34.30)	0.666 *** (36.03)
样本量	1560	1560	1560	1560	1560

注：*、*** 分别表示在 10%、1% 的统计水平上显著。

（二）数字技术的人力资本效应

在理论分析中已阐述数字技术可能会通过人力资本效应影响农户共同富裕实现，为验证假说 3 的准确性，故对人力资本效应作用渠道予以实证检验。其中在模型（2-3）中，SR_3 代表机制变量农户人力资本投资，其余变量定义与模型（2-1）相同。从表 2-6 中机制分析结果第（3）列发现，数字技术在 10% 统计水平上显著促进农户人力资本投资。可能原因是，新数字技术能够降低信息不对称性带来的教育投资风险，为父母提供更多有价值的教育投资信息，在一定程度上降低信息成本与潜在成本，提高农户家庭教育投资可能性。另一方面，互联网等数字技术在教育领域的使用，构建的新型教育模式能够有效改变传统教育投资方式，拓宽教育投资空间。当前人力资源已成为引领经济增长持续动力，注重加大偏落后地区公共教育投资，促进人力资本积累，提高劳动力的供给质量，实现人口向"质量红利"转变，为农户共同富裕实现注入不竭动力。由此可见，人力资本投资是数字技术赋能农户共同富裕的潜在作用渠道，因此假说 3 得到验证。

（三）数字技术的非农就业效应

在上文理论分析中已阐述数字技术通过非农就业效应促进农户共同富裕

实现，为验证假说 4、假说 4a 和假说 4b 准确性，故对非农就业效应作用渠道予以实证检验。其中第（4）列和第（5）列中，SR_4 和 SR_5 代表机制变量农户"离乡"型非农就业和"离土"型非农就业，其余变量定义与模型（2-1）相同。在表 2-6 中的机制分析中的第（4）列和第（5）列发现，无论是对"离乡"型非农就业还是"离土"型非农就业，数字技术影响系数均在 1% 统计水平上显著为正，表明数字技术对农户两种类型"非农就业"均具有正向影响。可能的原因是，一方面，数字技术发挥互联网信息传递功能，通过增强农户就业岗位匹配性，促进农户向非农领域转移，从事"离乡"型非农就业。另一方面，数字技术创新创业模式，促进农户个人思维模式变革，削减创业壁垒，降低创业金融约束，为创业者提供良好平台，提升农户创业热情，促进"离土"型非农就业。同时可以发现"离土"型非农就业影响系数大于"离乡"型非农就业，可能是从事"离乡"型非农就业多为中低技能群体，数字技术应用效率不高，将技术优势转变为经济优势的能力相对较弱，而从事"离土"型非农就业多为高技能群体，具有较好的社会资本和人力资本，故数字技术对"离土"型非农就业赋能作用更强。综上所述，非农就业带来的收入增长效应有利于农户共同富裕目标实现。以上分析表明，数字技术能够通过"离乡"型非农就业和"离土"型非农就业助力农户共同富裕实现，因此假说 4、假说 4a 和假说 4b 得到验证。

六、研究结论与政策建议

本章聚焦数字技术对农户共同富裕影响的理论逻辑，采用 CFPS（2018）微观数据实证分析数字技术赋能农户共同富裕，进一步探讨年龄和技能异质性，论证数字技术通过社会网络效应、人力资本效应、非农就业效应等途径赋能农户共同富裕的传导机制。

第一，数字技术对于农户共同富裕实现具有显著促进作用。数字技术打通农户"数字壁垒"，通过数字技术红利优势创造更多物质财富，变革农户农业生产方式与生活方式，拓宽农户收入来源，共享发展成果，提升农户生活感受满意度与幸福度，从而为农户共同富裕实现提供"桥梁"作用。

第二，考虑异质性状况下，数字技术对农户共同富裕赋能作用具有较强异质性。在年龄异质性上，数字技术对青壮年农户赋能作用相对更强，而老年农户群体生活存在"数字困难"，对于新技术新方法学习能力较弱，从而数字技术对老年农户赋能作用相对较弱。在技能异质性上，由于低技能农户群体"终身学习"观念淡薄，对于新兴技术采纳与利用程度相对较低，故数字技术对高技能群体的赋能作用要大于低技能农户群体。

第三，数字技术能够通过拓宽农户社会网络赋能农户共同富裕。数字技术利用程度提高，拓展农户社会网络，在维系已有强社会网络基础上，也能促进形成新的弱社会网络，从而间接影响农户共同富裕实现。并且与弱社会网络相比，强社会网络对农户的共同富裕贡献更大。

第四，数字技术能够通过提升农户人力资本赋能农户共同富裕。数字技术有助于农户教育人力资本存量提升，增强农户整体认知能力，便于获得相匹配的职业岗位，为农户共同富裕实现注入内生动力。

第五，数字技术能够通过促进农户非农就业赋能农户共同富裕。数字技术能够显著改善农户非农就业能力，促进农户从事非农就业工作，为"离土"型与"离乡"型非农就业提供技术支持，对于缓解城乡收入差距、增强农民幸福感具有积极影响，推动农户共同富裕实现。但相对于"离乡"型非农就业，数字技术对农户"离土"型非农就业赋能作用更强。

为此提出针对性政策建议，第一，深化数字技术农村应用推广，夯实农村数字设施基础。切实推进数字乡村建设，补齐农村网络设施短板，拓展网络覆盖范围，让农民共享数字经济红利，提升农户数字信息技术应用能力，为乡村信息化水平提供保障。第二，弥合地区"数字技术鸿沟"，赋能农村弱势群体。积极引导"弱势人群"采纳数字技术，强化互联网思维和信息意识，提升农户数字技能，形成可持续长效机制，"量""质"齐增助力共同富裕实现。第三，拓宽农村社会网络，增强农户社会资本。发挥网络信息技术作用，加强农户的互联网使用技能培训，拓宽农户社会网络，提升农户之间的社会信任，努力培育和拓展社会资本，切实增强致富内生动力。第四，优化农村教育资源，促进农户人力资本积累。注重农村人力资本开发，提升农民数字素养，特别发挥数字技术在农村劳动力的职业技能培训和基础教育中的积极作用，培养一批更高技能的农村劳动力队伍。第五，丰富农户就业选择，提升农村就业质量。实施"互联网＋"工程，为农民非农就业"保驾护航"，让农民从中获得非农就业支持，同时注重构建规范的互联网创业信息平台，推动数字信息技术转变为促进"离土"型非农就业的助推器，释放更广泛的创新创业热情，提升就业创业能力。

第三章

数字素养与农户农村共同富裕研究

农户农村共同富裕是统筹城乡协调发展，推动农村面貌深刻改变的重要举措，是实现共同富裕的关键组成部分（李军鹏，2021；李实，杨一心，2022）。随着互联网等信息技术服务加速下沉农村地区，缩小城乡"数字技术鸿沟"。但农村地区人力资本积累率低与农户参与乡村治理积极性不高抑制"数字红利"在农村地区进一步释放，引致农村的弱势化、边缘化状态，最终不利于中国共同富裕目标的实现。2021年3月，《中共中央关于制定国民经济和社会发展第十四个五年规划和二〇三五年远景目标的建议》强调加强全民数字技能教育与培训，普及提升公民数字素养。因此，如何使得广大农村居民更好地分享"数字红利"与消弭"数字技术鸿沟"，是当前扎实推进共同富裕目标面临的关键问题。

一、文献综述

已有文献主要从提高农户发展禀赋和拓宽参与乡村治理渠道两个方面来研究数字素养的赋能带动效应。一方面，数字素养强化农户的自我发展能力，通过推动农户将数字化工具融入自主创业活动，拓宽农户获取数字红利的渠道，提高收入水平（王杰等，2022；单德朋等，2022）；另一方面，数字技术具有普惠性强、对象均等、渗透力大等典型特征，数字素养提升能够提高农村居民利用数字化手段打破资源壁垒能力，降低城乡"数字技术鸿沟"、缩小地区发展不平衡和贫富差距，同时不断拓宽群众参与乡村治理的制度化渠道，从而完善多元主体协同共治的策略体系（周利等，2020；苏岚岚，彭艳玲，2022）。数字素养通过以上两个渠道直接或间接地增进居民福祉，农户平等共享数字红利，为扎实推进共同富裕提供新的观察视角。

本书可能存在以下边际贡献：一是"发展"功能，即数字素养的提升所产生的累积效应能够实现农户自身禀赋的改善，既能增强农户资源共享、信息交流与协作能力，提高农户数字化参与，又可转变农户信息传递与获取模式，降低信息搜寻成本和交易成本，增加资源获取机会和可得性。二是"监督"功能，即数字素养提升所产生的能动效应，降低数字技术采用门槛，有效运用数字平台和工具参与乡村数字治理，驱动乡村治理日益公开化和透明化，不断增强农户居民乡村治理的感知收益和实际效用，强调数字素养能够通过"发展"与"监督"两种途径影响农户农村共同富裕，为更好理解中国人力资本积累和健全乡村治理体系提供新的观察视角。三是基于具有全国范围内代表性微观调查数据与城市层面数据，选取并设计"经济富裕度、精神富裕度、可持续性和共享性"完整反映农户农村共同富裕的指标体系，将农户农村共同富裕指数进一步细分为经济富裕度、精神富裕度、可持续性和共享性四个维度，同时还考虑代际差异、社会资本禀赋差异以及共同富裕程度不同特征等因素，以一种更加立体的方式刻画数字素养的赋能效应，将数字乡村建设与数字普惠金融纳入数字素养与共同富裕统一框架分析，利用理论与实证结果支持数字乡村建设与数字普惠金融发展的富农增收效应。

二、理论分析与研究假说

数字素养提升是推动人的全面发展的战略任务，是顺应数字乡村和共同富裕的时代要求，也是弥合"数字技术鸿沟"、促进共同富裕的关键举措（单德朋等，2022）。数字素养通过数字技术的创新和应用，激发数据生产要素对经济社会的放大、叠加、倍增效应，不仅增强农户"数字红利"分享能力，拓宽可持续增收渠道，也为传播新技术、新思想打造新平台，为乡村整体发展注入活力。同时，数字素养能够提高农户信息获取、甄别能力，通过拓宽社会网络提升农户社会发展能力，有利于增强人民群众获得感、幸福感与安全感（罗明忠，刘子玉，2022）。因此，在数字技术变革已经成为推动中国发展新动能的背景下，通过提升农户数字素养，降低农户使用数字技术的门槛，有助于更好地释放数字技术在乡村振兴过程中的赋能作用，从而扎实推进农户农村共同富裕。

（一）数字素养通过"发展"与"监督"渠道影响农户农村共同富裕作用机理

农户自身掌握的关键经济资源较少以及生计资本的增收能力较弱，受到信息不对称以及缺乏参与乡村治理渠道的影响，导致农户农村共同富裕发展水平较低。农户人力资本匮乏以及农业收入回报率低下等原因引致的自我排斥，降低农户获得额外的财产性收入机会。传统乡村治理由占村民比例极小的乡村精英主导，导致普通村民"政治冷漠"的状态，不利于激活乡村治理主体内生动力。在全面推进乡村振兴与共同富裕进程中，数字素养提升能够通过以下两种渠道推动农户农村共同富裕。

一是"发展"渠道，即激活农户自我发展内生动能。基于发展经济学理论，农村人力资本积累是农村现代化的重要保障。数字素养作为一种特殊的人力资本，其通过引导农户应用数字化技术，从源头上增强农户内生发展动能（邱泽奇，乔天宇，2021）。一方面，数字素养通过增强金融服务和信息获取能力，并利用数字信息互动交流、创造价值，实现农户生计可持续发展能力。在提升数字素养过程中，不仅对自身的收入增长有积极影响，也有助于推动实现农业数字化转型与高质量发展，有效填平"能力鸿沟"（黄惠春等，2021）；另一方面，城乡"数字技术鸿沟"抑制社会资源流向乡村，不利于农户激活自我内生发展动能。而数字素养通过转变农户自我发展观念，增加农户人力资本投资，从而更倾向于参与技能培训，既益于构筑乡村的持续发展能力，也可给城市产业提供广阔的市场，有效弥合"使用鸿沟"（郁建兴，高翔，2009）。因此，数字素养提升通过引导农户非农创业与参与技能培训增强自身禀赋发挥数字素养的"发展"功能促进农户农村共同富裕。

二是"监督"渠道，即增强农户参与乡村治理工作的能力。基于制度经济学理论，健全乡村治理体系、强化农村居民内部监督与参与乡村建设意识，有助于解决原有制度失灵、农村社会失范问题。第一，完善乡村治理机制，需要深化自治。自治通过发挥自我管理功能，增强村民的自我管理、自我教育和自我服务意识，为共同富裕提供保障和支撑。数字素养是培育乡村治理主体主动参与乡村治理的重要基础，有利于促进农户互动、进一步增加乡村治理主体自觉性，增强广大农户的获得感、幸福感、安全感（王冰丽，武艳敏，2022）。第二，数字素养能够借助于现代互联网技术，拓宽村民参与乡村治理渠道，有助于调动农户群众参与乡村治理的积极性、主动性与创造性（雷琼，2022）。同时数字素养提升有助于保障村民的知情权、参与权、决策权与监督权，形成上下联动、共同促进的乡村治理格局，有效提高村务决策的民主性和科学性，有助于健全乡村治理体系与提高乡村治理水平（苏岚岚，彭艳玲，2022）。第三，利用农户参与乡村治理的监督成本优势，例如，强化协同运作、强化方式创新等，积极引导参与乡村治理，使乡村治理主体"聚起来"（丁波，2022），为乡村振兴提供人才队伍支撑。此外，通过改进提升乡村公共服务功能，推动基本公共服务均等化，为农户提供便捷高效服务，从而有助于满足农户日益增长的美好生活需要。总的来说，数字素养提升进一步加强农户在提供监督、主动参与乡村治理以及提升乡村公共服务等方面的作用，发挥数字素养的"监督"功能，有助于新时代乡村发展营造良好的乡村治理环境，满足农户对绿色可持续生态环境的需求（程志高，李丹，2022）。

综上所述，数字素养的"发展"和"监督"功能则共同推动农户农村迈向共同富裕，前者是通过培育人力资本、社会资本增强农户自身禀赋的发展能力，后者则是通过增强获取信息能力降低信息不对称程度，调动其参与村庄事务决策的积极性，有助于降低参与乡村治理的机会不公平与相对"剥夺感"，从而增强农村居民幸福感。由此提出假说1、假说1a和假说1b。

假说1：数字素养对农户农村富裕具有显著正向促进作用；

假说1a：数字素养通过"发展"渠道影响农户农村共同富裕，即数字素养通过引导农户参与技能培训促进农户农村共同富裕；

假说1b：数字素养通过"监督"渠道影响农户农村共同富裕，即数字素养通过推动农户主动参与乡村治理促进农户农村共同富裕。

（二）数字乡村建设的调节作用

随着数字乡村建设进程持续推进，推动农村产业数字化转型，带动资金流、技术流、人才流下沉农村市场，促进信息技术与农业各个环节实现有效融合，为农村共同富裕目标实现带来全新的实现路径（彭艳玲等，2022）。具体地，一方面数字乡村建设推进背景下，为农户了解农业发展政策和提高农业生产技能搭建平台。虽然数字素养水平的提升降低农村居民获取信息服务的门槛效应，但是能否保证信息服务的可及性与可达性，还取决于数字乡村建设水平。此外，制约农户农村共同富裕目标实现的主要原因在于乡村资源要素与全国大市场相对接能力相对较弱，故而数字素养所带来的数字红利效应，借助数字乡村的数字化基础设施，通过融合数字技术与乡村产业，降低城乡信息不对称程度，加快城乡经济要素双向流动，即数字乡村建设水平上升增强数字素养在对农户农村共同富裕中的作用（王胜等，2021）。另一方面在乡村数字乡村建设推进过程中，乡村数字基础设施通过加强平台互通和数据共享，实现基本公共服务城乡均等化，增加农户参与社会互动的机会，有助于乡村地区更加充满活力、和谐有序，同时通过公平高效的数字要素共享和数字治理，为社会财富在数字空间中得到更合理的分配奠定坚实基础，从而数字素养对农户农村共同富裕的影响将随着数字村庄建设的不断推进而增强。由此提出假说2。

假说2：数字素养对农户农村共同富裕的影响存在数字乡村建设的正向调节效应。

（三）数字普惠金融的调节作用

数字素养对农户农村共同富裕的影响会随着数字普惠金融发展水平的提升而发生变化。具体地，一方面，实现共同富裕必须加快解决发展不平衡不充分问题。数字普惠金融是指借助互联网技术，通过促进信息共享降低金融供给与需求的信息不对称（尹应凯，陈乃青，2022）。乡村地区数字普惠金融覆盖率与可得性提升有助于促进数字素养高的居民主动参与金融市场拓展自身增收渠道，金融产品和服务更好地走进农村、服务农户，推动广大农户群众共享发展成果（强国令，商城，2022）。另一方面，根据预防性储蓄理论，不确定的未来收入会导致消费者增加预防性储蓄，减少当期消费。部分乡村地区数字普惠金融发展水平较高抑制"数字技术鸿沟"。正是因为数字素养高的农户，其能够充分利用数字普惠金融降低农村居民个人和家庭面临的不确定性，有助于增加财产性收入（苏岚岚等，2022），推动共同富裕进程。同时，农村数字普惠金融推动金融产品与服务下沉，满足个人分散化与小额资金需求，但同时数字普惠金融产品或服务是借助新一代信息技术完成交易，具有一定准入门槛，需要农户群体具备一定数字素养水平，为农户融入信息化浪潮与分享信息化带来的便利提供相对低成本的资金支持，促进农村农户共同富裕。由此提出假说3。

假说3：数字素养对农户农村共同富裕的影响存在数字普惠金融的正向调节效应。

三、数据说明与模型构建

（一）数据说明

数据来源于中国劳动力动态调查（CLDS2016）数据库，该数据库将个人库、家庭库和村庄库横向合并，在处理缺失值、错误值后，最终获得4113个农户样本数据；城市层面数据则来源于《中国城市统计年鉴》。

（二）农户农村共同富裕指标选取

农户农村共同富裕指标选取参考陈丽君等（2021）、张金林等（2022）根据共同富裕内涵设置经济富裕度、精神富裕度、可持续性和共享性4个目标层选取16个测算指标，采用等权重法赋予权重，如表3-1所示。

表 3-1 农户农村共同富裕指标体系构建

目标层	准则层	指标	临界值定义
经济富裕度(1/4)	收入(1/16)	人均纯收入	人均可支配收入不低于 2016 年全国农村居民可支配收入(12363 元)时赋值为 1,否则为 0
	资产(1/16)	耐用消费品件数	家中拥有耐用消费品件数不低于 2 件时赋值为 1,否则为 0
	消费(1/16)	人均消费	人均消费不低于 2016 年全国农村居民人均消费支出(10130 元)时赋值为 1,否则为 0
	支出(1/16)	恩格尔系数	恩格尔系数低于 0.6 则赋值为 1,否则为 0
精神富裕度(1/4)	教育(1/16)	受教育年限	16 周岁以上家庭成员中的受教育年限均不低于小学程度时赋值为 1,否则为 0
	社会保障(1/16)	医疗保险参保情况	家中若存在一名未参与任何社会保障的成员则赋值为 1,否则为 0
	健康(1/16)	家庭成员自评健康	自评健康状况较高的家庭成员占比不低于 50% 时赋值为 1,否则为 0
	主观态度(1/16)	对未来信心	自评生活幸福度为"非常幸福"或"幸福"赋值为 1,否则为 0
	信息获取(1/16)	互联网使用	若使用移动设备上网则赋值为 1,否则为 0
可持续性(1/4)	生活垃圾(1/16)	垃圾处理	若愿意垃圾分类或垃圾投放则赋值为 1,否则为 0
	生活燃料(1/16)	做饭用水、燃料	做饭用水非"井水""自来水""纯净水"或做饭燃料为非清洁能源赋值为 1,否则为 0
	工业环保(1/16)	一般工业固体废物综合利用率	当一般工业固体废物综合利用率不低于均值时则赋值为 1,否则为 0
	生活环保(1/16)	污水处理厂集中处理率	当地污水集中处理率不低于均值时则赋值为 1,否则为 0
共享性(1/4)	城乡差异性(1/16)	收入差异性	当地城乡收入之比不超过 2.6 时则赋值为 1,否则为 0
	城乡融合性(1/16)	城镇化率	当地城镇化率不低于 60% 时则赋值为 1,否则为 0
	区域差异性(1/16)	地理位置	东部地区赋值为 1,否则为 0

（三）变量设置与说明

1. 被解释变量：共同富裕指数。共同富裕不仅体现在全体人民的共同富裕，也是共同享有发展成果。这意味着实现共同富裕是发展与共享的有机统一，在发展中实现共享，在共享中促进发展（李实，2021）。因此，借鉴罗明忠和刘子玉（2022）研究，采用 A－F 模型赋予各维度权重测算得到共同富裕指数（Alkire and Foster，2011），若该指数越大，表示农户农村共同富裕程度越高。

2. 核心解释变量：数字素养。数字素养是指借助智能设备和数字技术获取与甄别数字信息，采用数字信息互动交流、创造价值的能力（Gilster，1997；Martin et al.，2006）。参照李晓静等（2022）、黄敦平和倪加鑫（2022）从微观视角评估个人接收和获取信息化能力来体现乡村地区农户数字素养水平。

3. 中介变量。

（1）"发展"功能。数字素养能够促进新技术创新应用，提升农户自身资源禀赋，激活乡村地区内生发展动能（刘晓，刘铭心，2022）。选取技能培训描述数字素养的"发展"功能，并将问卷中"是否参与技术培训"设置为回答是赋值为 1，则参与技能培训，反之则赋值为 0，即未参与技能培训。

（2）"监督"功能。数字素养能够降低农村居民接触数字技术的难度，通过智能化治理加强基层服务，让农村居民在乡村治理中有更多的参与感，从而提升群众的获得感、幸福感、安全感（唐文浩，2022）。选取农户参与乡村治理描述数字素养的"监督"功能，将问卷中"是否参与村庄投票"设置为回答是赋值为 1，则参与乡村治理，反之则赋值为 0，即未参与乡村治理。

4. 调节变量。

（1）数字乡村建设水平。数字经济时代，数字乡村是以信息网络为重要载体，以数字技术创新为乡村振兴和农业农村现代化注入强大动能，推动数字技术所特有的信息流带动资源向乡村流动，加速推动乡村经济发展与管理服务数字化转型（段坤君等，2022）。数字乡村是实现农村农户共同富裕目标的重要途径，是提升乡村居民数字素养与技能的关键保障。借鉴陈宇斌等（2022）研究，采用农村宽带接入用户累计数（万户）与乡村人口数（万人）的比值表征数字乡村建设水平。

（2）数字普惠金融发展水平。数字普惠金融通过引导金融服务与金融产品更精准流向"三农"，有助于缩小城乡之间差距，让农户真正富裕起来。北京大学数字普惠金融指数是基于支付宝的用户交易数据编制而成，有效识别数字普惠金融发展水平，具有一定的代表性，采用北京大学数字普惠金融指数描述数字普惠金融发展水平（郭峰等，2020）。

5. 控制变量：将控制变量界定为个体、家庭和村庄变量。其中，个体变量包括户主年龄、年龄平方、性别、婚姻、政治面貌等变量；家庭变量包括家庭规模、社会资本等变量；村庄变量包括村庄居住人数、村庄和县城之间的距离等变量。变量描述统计如表 3 – 2 所示。

表 3 – 2　　　　　　　　各变量测量与描述性统计

变量		定义	均值	标准差
解释变量	共同富裕指数	根据表 3 – 1 测算得出	0.583	0.172
核心解释变量	数字素养	由因子分析法计算得到数字素养得分	0.394	0.305
调节变量	数字乡村建设	农村宽带接入用户累计数（万户）与乡村人口数（万人）的比值	0.833	1.069
	数字普惠金融	数字普惠金融指数	177.406	21.984
中介变量	发展功能	农户是否参与技能培训（0 = 否，1 = 是）	0.060	0.237
	监督功能	农户是否参与村庄选举投票	1.828	11.225
个体层面	年龄	户主年龄	51.119	11.32
	年龄平方	户主年龄平方	2739.16	1101.6
	性别	性别（0 = 女，1 = 男）	0.846	0.361
	婚姻	婚姻状况（0 = 未婚，1 = 已婚）	0.891	0.311
	政治面貌	政治面貌（0 = 群众，1 = 党员）	0.0737	0.261
家庭层面	家庭规模	常住人口数（人）	4.516	2.076
	社会资本	礼品礼金支出（元）取对数	5.622	3.685
村庄层面	村庄居住人数	村庄居住人数（人）取对数	7.66	1.704
	村庄距离	村庄和县城之间的距离	30.879	18.904

构建如下模型：

$$MPI_i = \alpha_0 + \alpha_1 EP_i + \alpha_2 X_i + \varepsilon_i \qquad (3-1)$$

式（3-1）中，MPI_i 为农户农村共同富裕指数，EP_i 为农户 i 数字素养得分，X_i 为个体、家庭和村庄层面的控制变量，α_1、α_2 分别为核心解释变量和控制变量的系数，ε_i 为随机扰动项。

四、实证分析

（一）数字素养对农户农村共同富裕的影响结果分析

由表 3-3 基准回归结果可知，数字素养系数显著为正，表明数字素养对农户共同富裕具有显著积极作用，即假说 1 成立。可能的原因是数字素养提升通过借助"互联网"等数字化工具获取农业生产技术培训、信息技术使用技能培训、农业科技信息等服务，激活农户的自我内在动能；同时促进农户平等参与乡村民主过程，强化农户在乡村治理中的监督作用，凝聚多方"智慧"参与乡村建设与发展，有助于实现农户农村共同富裕的目标。

表 3-3　　数字素养对农户共同富裕影响的估计结果分析

变量	（1）	（2）	（3）	（4）
数字素养	0. 283 ***	0. 275 ***	0. 272 ***	0. 255 ***
	(0. 007)	(0. 010)	(0. 010)	(0. 010)
年龄		0. 003 **	0. 002 *	0. 003 *
		(0. 001)	(0. 001)	(0. 001)
年龄平方		-0. 000 ***	-0. 000 **	-0. 000 **
		(0. 000)	(0. 000)	(0. 000)
性别		-0. 021 ***	-0. 021 ***	-0. 017 ***
		(0. 007)	(0. 007)	(0. 007)
婚姻		0. 052 ***	0. 053 ***	0. 054 ***
		(0. 008)	(0. 008)	(0. 008)

变量	（1）	（2）	（3）	（4）
政治面貌		0.010 (0.009)	0.009 (0.009)	0.015 * (0.009)
家庭规模			-0.003 ** (0.001)	-0.002 ** (0.001)
社会资本			0.003 *** (0.001)	0.003 *** (0.001)
村庄居住人数				0.018 *** (0.001)
村庄距离				-0.000 (0.000)
_cons	0.470 *** (0.004)	0.392 *** (0.035)	0.400 *** (0.035)	0.259 *** (0.036)
adj. R^2	0.259	0.270	0.274	0.303
N	4113	4113	4113	4113

注：*、** 和 *** 分别表示在10%、5%、1%的统计水平上显著，括号内为稳健标准误。

在控制变量方面，年龄、婚姻、性别、政治面貌、家庭规模、社会资本和村庄居住人数均显著影响农户共同富裕。具体而言，从户主层面来看，年龄与共同富裕呈现倒 U 形关系；性别与共同富裕呈现负相关，政治面貌、婚姻状况与共同富裕呈现正相关；从家庭层面来看，社会资本越多体现农户对自身所拥有资源配置能力，有助于促进共同富裕；家庭规模与共同富裕指数呈现负向相关，家庭人口规模越大，家庭负担越重，不利于共同富裕目标实现。从村庄层面来看，村庄居住人数与共同富裕呈正相关，即村庄规模越大，村级集体经济发展越好，共同富裕程度也越高。

进一步将共同富裕分为经济富裕度、精神富裕度、可持续性与共享性四个维度，考察数字素养对共同富裕不同维度的影响。表 3 - 4 回归结果显示，数字素养对经济富裕度、精神富裕度、可持续性、共享性维度均具有显著促进作用，进一步验证数字素养具有多维赋能共同富裕结构效应。具体而言，相较于共同富裕其他子维度，数字素养对精神富裕度促进作用更强。可能的原因是数字素养能够通过提升农户接收和反馈信息的效率，拓宽农户获取优质内容渠道，增强农户使用数字技术带来的主观福利效应，从而提升乡村地区居民幸福指数。

表3-4　　　　　　　　　数字素养对共同富裕结构效应的估计结果

变量	(1)	(2)	(3)	(4)
	经济富裕度指数	精神富裕度指数	可持续性指数	共享性指数
数字素养	0.230***	0.386***	0.201***	0.142***
	(0.016)	(0.014)	(0.016)	(0.016)
控制变量	控制	控制	控制	控制
常数项	0.122**	0.292***	0.437***	0.149**
	(0.062)	(0.054)	(0.062)	(0.065)
R^2	0.197	0.317	0.110	0.053
N	4113	4113	4113	4113

注：*、** 和 *** 分别表示在10%、5%、1%的统计水平上显著，括号内为稳健标准误。

（二）调节效应检验

在数字化时代背景下，农户数字素养的高低是乡村地区充分发挥网络的正外部效应的重要基础，实现优质文化资源和文化服务在城乡之间双向流动和均衡发展，释放出农村巨大的消费潜力，有助于推动人口数量红利转化为人口质量红利。而目前我国农村发展依然面临互联网基础设置薄弱、区域发展差距大等现实问题，数字技术发展的不平衡会形成"金融排斥"和"信息鸿沟"，会对农户农村共同富裕产生阻碍作用。因此，选取数字乡村建设与数字普惠金融发展水平，探究上述因素对数字素养推进共同富裕产生调节作用。

表3-5中分别将数字乡村建设水平与数字普惠金融作为调节变量纳入基准回归。检验回归结果表明，交互项系数在1%统计水平上显著为正，表明数字乡村建设与数字普惠金融在数字素养赋能农户农村共同富裕作用中具有正向调节效果。可能原因是随数字乡村建设水平的提升与数字普惠金融的普及，通过有效弥合"信息鸿沟"与缩小收入差距，推动农户拥有平等参与"数字红利"机会条件，从而更好地助力农户农村共同富裕。

表 3 - 5 调节效应检验结果

变量	(1)	(2)
	数字乡村建设	数字普惠金融
数字素养	0. 251 ***	0. 411 ***
	(0. 011)	(0. 049)
交互项	0. 029 ***	0. 001 ***
	(0. 007)	(0. 000)
调节变量	控制	控制
控制变量	控制	控制
常数项	0. 221 ***	- 0. 502 ***
	(0. 035)	(0. 057)
adj. R^2	0. 381	0. 471
N	4057	4113

注: *** 表示在 1% 的统计水平上显著，括号内为稳健标准误。

（三）异质性分析

虽然数字素养的提升能够促进农户农村共同富裕的假设已得到验证，但由于不同农户在认知能力、行为能力等方面存在差异，易造成农户在获取数字技术应用上产生分化，从而影响数字素养赋能共同富裕效应。为此拟从代际差异、家庭社会资本丰裕程度差异和共同富裕程度差异三个维度展开分析，以更清晰地刻画不同情境下数字素养对共同富裕的异质性效应。

1. 不同代际农户。为识别数字素养对不同代际农户共同富裕影响作用是否存在显著差异，将农户按照 50 周岁年龄分界线划分为年轻代和老一代。老一代农户在生理机能、认知能力等方面均处于弱势，而年轻代农户更容易接触风险事物，风险偏好相对更高。由表 3 - 6 的结果可知，年轻代农户数字素养的估计系数为 0. 264，老一代农户数字素养的估计系数为 0. 240，均在 1% 统计水平上显著，年轻代农户数字素养的估计系数边际效应更大。这说明数字素养能更为有效地促进新一代农户的共同富裕发展。可能的原因是老一代农户对农业经营更加依赖，而年轻代农户更倾向于利用数字技术选择非农就业以实现增收，从而数字素养对年轻代农户共同富裕赋能作用更大。

表 3 - 6　　　　　　　　　不同社会资本农户结果分析

变量	年轻代	老一代	弱社会资本农户	强社会资本农户
数字素养	0. 264 ***	0. 240 ***	0. 243 ***	0. 272 ***
	(0. 012)	(0. 015)	(0. 011)	(0. 019)
控制变量	控制	控制	控制	控制
常数项	0. 473 ***	0. 205	0. 285 ***	0. 258 ***
	(0. 071)	(0. 290)	(0. 041)	(0. 088)
经验 P 值	0. 080 *		0. 070 *	
adj. R^2	0. 323	0. 207	0. 287	0. 331
N	1864	2249	3208	905

注：*、*** 分别表示在 10%、1% 的统计水平上显著，括号内为稳健标准误。

2. 不同社会资本农户。由于我国农村地区格外注重"人情"和"关系"，社会网络作为一种非正式制度，有助于拓宽农户信息获取渠道，为农户实现共同富裕提供非物质资本。社会网络是社会资本的重要表现形式，社会资本凭借其信息共享降低农户之间信息不对称，是农户获取外部资源的重要途径。那么，数字素养对农户农村共同富裕助推作用是否会因农户社会网络规模不同而存在明显差异呢？本书采用家庭礼品礼金支出来衡量农户家庭的社会资本丰裕度，并借助其均值将样本分为强社会资本与弱社会资本农户，结果如表 3 - 6 所示，弱社会资本农户数字素养的估计系数为 0. 243，强社会资本农户数字素养的估计系数为 0. 272，均在 1% 统计水平上显著，强社会资本农户数字素养的估计系数边际效应更大。这说明数字素养能更为有效地促进强社会资本农户共同富裕发展。这与预期一致，可能是因为丰富的社会关系网络有助于信息资源的优化和配置，进而拓宽农户增收渠道。

3. 共同富裕程度异质性。为进一步细致刻画数字素养对共同富裕的赋能作用是否存在差异，将共同富裕指数按照由低到高排序，选取 10%、25%、50%、75% 和 90% 作为分位点，采用分位数回归法实证探究在共同富裕的不同程度下数字素养的赋能作用。表 3 - 7 结果显示，数字素养对共同富裕不同的程度群体存在差异。随着分位点数的上升，数字素养对农户共同富裕的影响系数显著，并且系数呈现先上升后下降趋势，体现出赋能作用先呈现规模递增再边际递减特征。这表明数字素养提升作用在共同富裕中等程度农户（50%）助推效果最好，同时数字素养对低水平共同富裕农户（10%）影响系数大于高水平共同富裕农户（90%）影响系数，表明数字素养具有显著的长尾效应。可能的原因是相较于高水平共同富裕农户来说，中低水平的共同富裕农户，家庭主要收入渠道相对单一，从而引起数字素养对农户收入提升更为重要，数字素养不仅通过影响农户资源配置行为，强化农户创业与技能培训分享"数字红利"能力，而且有助于提升农户人力资本水平，从而导致农户收入增加所带来的边际效应更大，表明培育农村居民数字素养是推动农户农村共同富裕的重要"数字引擎"。

表 3 – 7 分位数回归模型结果分析

变量	$q10$	$q25$	$q50$	$q75$	$q90$
数字素养	0.258 *** (0.018)	0.262 *** (0.014)	0.276 *** (0.012)	0.245 *** (0.012)	0.221 *** (0.013)
控制变量	控制	控制	控制	控制	控制
常数项	– 0.021 (0.071)	0.148 *** (0.057)	0.276 *** (0.056)	0.402 *** (0.050)	0.530 *** (0.057)
N	4113	4113	4113	4113	4113

注：*** 表示在 1% 的统计水平上显著，括号内为稳健标准误。

（四）内生性与稳健性检验

采用微观数据实证检验，为保证研究结论科学性。依次采用如下检验思路：第一，将被解释变量共同富裕替换为虚拟变量，根据共同富裕指数是否大于 1/3，将共同富裕变量设置为二分类变量，其中是 = 1，否 = 0。选取 Probit 模型回归分析，表 3 – 8 第（1）列中，数字素养对农户共同富裕具有积极作用，与前文基准回归结论基本一致。第二，为避免赋权方式差异所导致偏误，采用熵权法测度共同富裕水平。第三，为消除离群值对估计结果的影响，对变量采用 1% 缩尾处理。第四，为消除基准回归模型中可能存在互为因果或遗漏变量等因素引起的内生性问题导致的估计偏误问题。参考彭艳玲（2022）选用村庄所在城市到杭州距离作为工具变量消除内生性问题，且弱工具变量检验 F 值为 72.176，拒绝弱识别检验。以上稳健性检验结果均与前文分析结果保持一致，表明前文基准回归结果具有稳健性。

表 3 - 8　　　　　　　　　　内生性与稳健性检验

变量	（1）	（2）	（3）	（4）
	替换模型	替换被解释变量	缩尾处理	工具变量法
数字素养	0.082 ***	0.154 ***	0.271 ***	1.706 ***
	(0.009)	(0.006)	(0.010)	(0.186)
控制变量	控制	控制	控制	控制
常数项	—	- 0.093 ***	0.397 ***	- 1.754 ***
		(0.022)	(0.037)	(0.274)
N	4113	4113	4113	4113

注：*** 表示在 1% 的统计水平上显著，括号内为稳健标准误。

五、进一步讨论：基于"发展"与 "监督"视角的机制检验

由前文理论分析可知，数字素养将通过"发展"和"监督"两条路径影响农户共同富裕。具体来说，从"发展"功能来看，一方面数字素养可能通过促进农户参与技能培训提升人力资本水平，实现农户自身"发展"，从而夯实农户农村共同富裕人才支撑。从农户自身视角来说，数字素养提升增强数字化工具运用能力，有利于弥合"数字技术鸿沟"；另一方面数字素养能够推动数字科技与农业深度融合，帮助农户增产增收。从"监督"功能来看，农户主动参与乡村治理意味着农户成为乡村公共事务与经济发展的"监督"主体，有助于形成多元协同共同参与的乡村治理局面，为实现共同富裕创造条件、提供保障和支撑。数字素养可能通过引导农户主动参与乡村社会治理，不仅有助于提升农户公平感与降低"相对剥夺感"，也有利于激活农村发展的新动能。鉴于此，参考江艇（2022）的中介效应检验步骤，从"发展"和"监督"两个视角实证检验数字素养对农户农村共同富裕的作用机制。表 3 - 9 为数字素养"发展"和"监督"渠道功能检验结果。其中数字素养的边际效应显著为正，说明数字素养在助推农户农村共同富裕中的影响中具有"发展"和"监督"渠道功能。

表 3 - 9　　　　　　　数字素养对农户共同富裕的影响：机制检验

变量	（1）	（2）
	"发展" 功能	"监督" 功能
数字素养	0.087 ***	0.100 ***
	（0.011）	（0.021）
控制变量	控制	控制
Pseudo R^2	0.197	0.023
N	4113	4113

注：*** 表示在1%的统计水平上显著，括号内为稳健标准误。

首先，从表 3 - 9 中第（1）列估计结果可知，数字素养有助于促进农户发展，提升农户自身发展禀赋影响共同富裕，即研究假说2a成立。可能的原因是技能培训已成为农户提升自我可行能力的重要手段，拓宽农户增收渠道，增强农户生计能力，有效填平"能力鸿沟"。随着农户数字素养提升，有效改善农户人力资本投入决策行为，促进农户主动参与技能培训，增强技术的减贫作用，有助于发挥"技术红利"助推共同富裕的作用，有效弥合"使用鸿沟"。

其次，由表 3 - 9 中第（2）列估计结果可知，数字素养有助于促进农户参与乡村治理，发挥乡村发展"监督"功能影响共同富裕，即研究假说2b成立。可能的原因是农户农村实现共同富裕的关键所在是培养农村本土人才并激发居民内生动力，形成有效乡村治理共同体。随着信息化快速发展，数字素养是引领农户迈向共同富裕的重要"数字化引擎"，其通过助推数字化整合分散在乡村治理单元的制度化优势和技术性资源，畅通社情民意表达渠道，提升农户集体认同感，从而推动乡村治理现代化。

六、研究结论与政策建议

从"经济富裕度、精神富裕度、可持续性和共享性"四个维度构建能够有效识别微观层面农户农村共同富裕的指标体系，基于中国劳动力追踪调查（CLDS2016）数据进一步实证验证数字素养对农户农村共同富裕的影响，识别有效释放数字素养的"数字红利"赋能共同富裕的有效途径。得到如下主要结论：

第一，从全样本看，数字素养对农户农村共同富裕具有显著正向推动效应。数字素养能够增强农户"数字红利"分享能力，拓宽可持续增收渠道，转变农户消极市场参与态度，有助于农户共享数字化发展成果，从而提升农户获得感、满意度与幸福度。从共同富裕子维度来看，数字素养对精神富裕度的助推效应更加明显。数字素养的提升能够降低"数字使用鸿沟"，提高数字化服务获取、使用与分享，有助于满足人民日益增长的美好生活需要。

第二，数字乡村建设与数字普惠金融能够产生显著正向调节作用，前者能够完善乡村信息基础设施与公共服务布局，提高农村居民数字技术应用率，为促进农业农村现代化提供强有力的支撑。后者则通过解决金融机构与居民之间的信息不对称问题，提高农户正规信贷可得性，有助于农户平等分享金融服务带来的普惠性，从而强化了数字素养的提升对农户农村共同富裕的促进作用。

第三，考虑异质性状况下，不同情境下数字素养对共同富裕具有异质性影响。从代际差异看，数字素养对年轻代农户共同富裕促进作用显著强于老一代地区。相较于年轻代农户，老一代农户适应数字生活的能力与数字技能发展的速度之间存在显著的"数字技术鸿沟"，进一步加剧老一代农户群体仍存在"数字融入"困难，从而数字素养对老一代农户共同富裕的助推效应有所弱化。从不同社会资本农户差异看，数字素养能更为有效地促进强社会资本农户共同富裕发展。因为丰富的社会关系网络的农户更易于获得就业信息和非农就业机会，进而有助于释放数字素养的增收效应。从共同富裕的不同程度来看，数字素养对中低水平共同富裕农户助推效应强于高水平共同富裕农户群体。数字素养能够助推中低共同富裕程度的农户转变农业生产模式，主动使用互联网等数字化工具进行农业经营管理与销售农产品，从而数字素养对共同富裕赋能的边际效应更大。

第四，从理论上看，数字素养的"发展""监督"功能能够通过培育农户职业技能和提高乡村治理主动性助推农户农村共同富裕；同时实证结果表明，数字素养能够显著推动农户参与技能培训与乡村治理参与度。这一结果说明，在现阶段，数字素养不仅能够通过改善农户自身发展禀赋，拓宽农户增收渠道，也能够有效增强村民参与度和公共意识，改变传统村庄治理的主体缺失局面，有助于推进乡村治理体系和治理能力现代化，加速补齐农户农村共同富裕的"短板"。

基于以上结论，得到启示体现在如下四个方面。一是研究结论表明数字素养显著促进农户共同富裕。这有助于启发政府要进一步关注和引导农村地区的农户数字素养与技能，培育农户数字素养水平，持续丰富优质数字资源供给。并加大互联网投资力度，推动互联网持续释放普惠效应，特别是借助5G商用、大数据商业应用加快推进数字中国建设。二是营造全社会提升数字素养与技能的良好氛围，同时加大对农村发展的金融支持与推进数字乡村建设进程，进一步释放数字素养与数字乡村、数字普惠金融产生的协同效应，助力农户农村共同富裕。三是建立更加公平、更有效率、更可持续的现代基本公共服务体系，注重资源的优化配置和体制机制的完善，重点关注老一代、社会资本禀赋弱与共同富裕程度较低农户的信息化需求，着力提升老年人等弱势群体的数字素养和技能，进一步逐步缩小区域之间、群体之间发展差异。充分发挥企业、特别是互联网平台企业的主观能动性，从供给和需求双向发力，不断弥合区域、群体间的"数字技术鸿沟"，为农村居民平等享受更多数字红利夯实基础，从源头上为农村农业共同富裕目标实现注入新动能。四是包括两个方面，一方面从用户需求视角构建技能培训体系，支持行业组织开展数字技能相关培训，着力提升农村居民数字素养与技能水平，共同营造提升数字素养与技能的良好生态；另一方面通过建立健全基层多元协同治理新格局，通过数字赋能治理协同、数字赋能沟通渠道与数字赋能社会动员创造更为丰富农村居民与乡村基层治理组织的互动机会，并坚持农户在村庄自治中的主体地位，依托数字化平台广泛听取民主意见，从而在乡村治理中增进农户获得感、幸福感与安全感。

第四章

数字乡村建设与农村"三产"融合研究

农村"三产"融合是深入推进农业现代化产业体系建设、助推乡村振兴战略的重要措施。伴随数字经济在"三农"领域的不断渗透,数字乡村建设推动我国农村"三产"融合进入快车道(黄祖辉,胡伟斌;2022)。数字乡村建设将数字要素融入乡村产业链中,推动农村产业结构转型升级,加速信息流通速度,进一步弥合农业与工业、农业与服务业之间的"数字技术鸿沟"(李本庆,岳宏志,2022)。由此看来,数字乡村建设影响农村"三产"融合的发展进程。但是,关于数字乡村建设对农村产业融合能产生何种影响?是"赋能"还是"负能"?以及影响的路径是什么?这些问题的回答对于乡村振兴战略实现具有重要参考价值。

一、文献综述

目前学界就农村"三产"融合进行多层次研究,可以概括为以下四类:一是从农村"三产"融合的内涵界定、发展现状、面临困境、实现路径等方面进行阐释和分析(赵霞等,2017;胡海、庄天慧,2020)。现有研究表明日本的六次产业化理论是农村产业融合的起始点,农村产业融合符合现代农业发展的基本规律,是促进农业转型升级的核心驱动力(今村奈良臣,1994)。农村"三产"融合的本质和突破点关键在于创新,需要寻找相应的实现路径来推进产业兴旺和乡村振兴建设(姜长云,2016)。二是构建评价指标体系测度农村"三产"融合水平。现有研究主要是从农村"三产"融合的目标和绩效出发构建指标体系,借助指数构建法、投入产出法以及熵权法等方法测算农村"三产"融合发展指数(李芸等,2017;曹祎遐等,2018;陈盛伟等,2020)。张林等(2023)从农村产业链延伸、产业多功能性发展、农业服务业融合发展、农民增收就业以及城乡融合五个维度系统性评价农村产业融合水平分析区域分布差异性。三是评估农村"三产"融合的经济效益。农村"三产"融合的经济效益主要聚焦在农村居民的收入增收效应和城乡收入差距上,研究表明农村"三产"融合有益于扩大农业生产的可能性边界(郝爱民等,2023)。曹菲等(2021)发现产业结构升级、农业技术创新对于农村居民收入增加具有积极作用,能够拓展农民收入的增收渠道,并以农村"三产"融合的经济效益来评估农村"三产"融合效果。农村"三产"融合对于缩小城乡收入差距具有积极影响,在农村经济增长和城镇化进程加快上存在间接作用,兼顾效率的同时也保障了公平(李晓龙等,2019;葛继红等,2022)。四是从国际比较视野总结农村"三产"融合的国际经验。通过梳理日本的"六次产业化"(张来武,2018)、法国的"乡村复兴与重构"(史春玉等,2023)、荷兰的"链战略行动计划"(张义博,2022)等国际农村"三产"融合发展脉络以及中外对比分析,为我国农村"三产"融合发展提供重要参考。

数字乡村是乡村振兴的战略方向,具备促进共同富裕的全新动能。对于数字乡村的研究,国外学者关于数字乡村的相关研究主要集中于数字基础设施在数字经济、智慧农业、农村医疗、数字教育等领域的功效,研究视角侧重于数字技术在乡村建设的应用(Nakasone et al.,2014;Goldfield and Tucker,2019)。而目前国内数字乡村的文献主要包括以下三个方面:一是关于数字乡村的理论阐释、建设现状、面临困境、作用机制、发展路径等,从理论角度进行数字乡村的内涵分析,结合实际探究当前数字乡村建设发展路径(李丽莉等,2023;肖顺武等,2023)。二是数字乡村的指标构建与发展水平测度研究,主要是从微观视角出发对面板数据进行实证分析,从而考察数字乡村建设状况。学者们主要依托选定的研究对象,进行有针对性的指标构建,对指标进行权重处理后,借助 TOPSIS 法、Dagum 基尼系数、莫兰指数、泰尔指数、综合评价模型等计量方法测度数字乡村建设水平,对数字乡村进行时空分布差异分析（张鸿等，2021；朱红根等，2023；刘庆等，2023）。三是探讨数字乡村建设产生的影响效应，从理论和实证角度考察数字乡村建设对居民收入、乡村振兴、乡村治理以及农业高质量发展等方面的影响（李波等，2023）。雷泽奎等（2023）指出数字乡村建设对农业经济高质量增长具有显著的正向影响，西部地区在数字乡村建设中获益最大。同时，数字乡村建设能推动农技进步、劳动力转移和农业生产方式的转变，提高农业经济增长效率，从而对农民收入水平和收入结构产生影响（Gao et al.，2018）。也有研究表明数字乡村建设可以破除农户"数字技术鸿沟"提高信贷可得性，进而促进农户创业（张雷，孙光林，2023），并加快农业生产要素流动与资源配置，更好推动乡村振兴下产业结构优化与升级（赵星宇等，2022）。

综合上述梳理可知，关于农村"三产"融合的研究，已有研究主要关注农村产业融合的指标架构与评价、经济效应的测算等方面；对农村"三产"融合的研究仍有待完善。另外已有文献多关注数字乡村建设的现状、水平测度以及影响效应，对数字乡村能否促进农村"三产"融合问题更多聚焦于理论层面，尚存在进一步的讨论空间。本书的边际贡献主要有以下两点：一是基于实证层面考察数字乡村建设对农村"三产"融合的赋能效果，为后续研究提供新的思路。二是将农业机械化水平和农村创业活跃度纳入分析框架，探究数字乡村建设影响农村"三产"融合的内在作用机理，丰富数字乡村应用领域。

二、理论分析与研究假说

（一）数字乡村建设影响农村"三产"融合的直接效应

农村"三产"融合是以农业为基础，将高新技术融入农业产业发展中，实现一二三产业的联动与产业链的延伸。农村"三产"融合能够推进农业生产和组织方式的变革，实现这一过程的关键要素在于数字技术。而数字乡村借助数字要素的使用推动农村产业协作和创新，为农业与工业、农业与服务业的融合发展搭建平台，极大地促进农村一二三产业的跨界融合。首先，数字乡村建设能够提供技术交互载体。伴随人工智能等信息技术的发展，数字乡村可以为数字经济的发展提供强有力的载体，拓展数字技术的应用媒介。梅特卡夫定律指出，网络价值与用户数的平方成正比，数字乡村的建设与发展可以释放田间劳动力，从而大幅增加农村内的网络参与者（王欣亮等，2023）。通过借助电商下乡拓展农产品品类和销售渠道，削弱农业生产过程中的要素扭曲，进一步延伸农村产业链，加速农业与工业、服务业的融合程度。其次，数字乡村建设能够加快资源配置效率。数字乡村包含数字经济、数字治理等方面，借助数字技术对资源进行整合，可以打破信息不对称下的数字壁垒，去除要素流动中介化，盘活农村生产要素，加快农业现代化与信息化进程，促进一二三产业资源的合理配置和生产效率的提高，从而改变传统农业单一的农业结构和生产布局。最后，数字乡村建设能够加快产业结构转型升级。数字乡村建设可以为农村产业发展带来资源集聚效应，能够将分散的要素进行整合和聚集，增强农业与其他产业的联动，使得农业产业向二三产业延伸与融合，不断孕育产业发展的新业态，助推农村产业结构的转型与升级。基于以上分析，提出假说1。

假说1：数字乡村建设对农村"三产"融合具有显著赋能效果。

（二）数字乡村建设、农业机械化水平与农村"三产"融合

数字乡村建设在强化农业机械化水平的过程中提升农村"三产"融合水平。数字技术是数字乡村建设的关键构成要素，借助技术嵌入手段来提升农业机械化程度。首先，技术要素嵌入加快提升农业机械化水平。数字乡村建设为农业生产嵌入技术要素，赋予农民一定的技术能力和治理参与，推动农业农村治理方式的变革，在进行"主体赋能"的同时，改造传统农业生产方式，进而推进农业机械化、生产专业化、管理信息化等现代化进程（武小龙，2022）。其次，借助数字创新渠道重构农业机械化进程。数字乡村作为大数据、人工智能、5G等信息技术的载体，能够通过数字乡村的社会网络进行技术传递与更新，有效破除农业现代化的数字壁垒，提升农村技术创新的程度，有利于实现数字信息技术对农业生产模式的重构，进而有效改善农业机械化水平。此外，农业机械化是我国农业的根本出路，是乡村振兴、农

村"三产"融合的关键环节。首先，农业机械化可以改善集约化生产能力，加快推进农村产业融合进程。农业机械化是将技术、装备等嵌入农业生产过程中，完成农业生产方式的革新与升级，提升农业生产效率和集约程度，推动农村产业提档升级，加快农村"三产"融合程度。其次，农业机械化能够促进劳动力进行非农转移，不断优化农村"三产"融合水平。农业机械化发展在一定程度上能够缓和"人地"矛盾，释放农村剩余劳动力，加快土地流转速度，增强农业生产的规模经济效应，有利于延伸农村产业链、拓展产业范围、助推产业功能转型，促进跨界资本、技术等生产要素的融合配置，实现农村一二三产业的渗透、交叉与重组（张琛等，2022）。基于上述分析，提出假说2。

假说2：农业机械化水平是数字乡村影响农村"三产"融合的重要传导机制。

（三）数字乡村建设、农村创业活跃度与农村"三产"融合

数字乡村建设能够在激活农村创业活跃度的过程中推进农村"三产"融合。具体而言，数字乡村建设能够从营商环境、禀赋资源以及机会赋能等维度来提升农村创业活跃度。首先，数字乡村作为由信息技术催生的新型发展样态，可以实现生产要素的数字化，打通农村居民与市场间的信息渠道，借助电商、直播、物流等形式，发挥自身禀赋资源以及共享优势资源，为农村创业者营造良好的营商环境和创业条件（张雷，孙光林，2023）。其次，国家政策对数字乡村建设的扶持在一定程度上能缓解农村"数字技术鸿沟"，提升农村居民数字素养，为农村创业者提供强有力的机会赋能，不断强化农村创业行为的正向影响，放大农村居民的收入增收效应，进而刺激农村创业活跃度。同时创业活跃度的提升可以加强农村产业集聚效应，催生乡村特色产业发展，带动劳动力就近转移和收入增长，加快农业供给侧结构性改革，推进农产品的升级与市场拓展，发展农村新型产业模式，促进农村一二三产业的融合。另外创业活跃度的攀升能够加快农业现代产业组织的更新与升级，激活农村农业要素和创业者识别度，拓宽并衍生农民就业增收的渠道，更好培育非农就业群体，进一步为农村产业链转型和融合提供机会（刘朋虎

等，2016）。基于上述分析，提出假说3。

假说3：农村创业活跃度是数字乡村影响农村"三产"融合的重要传导机制。

三、研究设计

（一）模型设定

为考察数字乡村对农村"三产"融合发展水平影响的直接效应，本书将农村"三产"融合发展水平作为被解释变量，数字乡村作为核心解释变量，并加入影响农村"三产"融合水平的相关控制变量进行回归分析，具体构建双向固定效应模型如下：

$$RTII_{i,t} = \alpha_0 + \alpha_1 DVG_{i,t} + \sum \beta_i X_{i,t} + \mu_i + \nu_t + \varepsilon_{i,t} \qquad (4-1)$$

其中，变量的下标 i，t 分别表示地区和时间。$RTII_{it}$ 为农村"三产"融合发展水平，$DVG_{i,t}$ 为数字乡村建设水平，α_0 为截距项；α_1 为数字乡村建设的回归系数，$X_{i,t}$ 为控制变量；β_i 为控制变量的回归系数；μ_i 和 ν_t 分别为地区和时间固定效应，$\varepsilon_{i,t}$ 为随机扰动项。

（二）变量说明

1. 被解释变量：农村"三产"融合发展水平（*RTII*）。参考余涛（2020）、张岳和周应恒（2021）的研究思路，从农业纵向产业链延伸、农业横向多功能性拓展和农业技术全面融合三个方面构建农村"三产"融合发展水平指标体系，具体指标构建如表4-1所示。

2. 核心解释变量：数字乡村建设水平（*DVG*）。参考李丽莉等（2023）、雷泽奎等（2023）的研究思路，从数字基础设施、数字资金支持、数字服务能力、数字产业发展四个维度构建数字乡村建设指标体系，具体指标构建如表4-2所示。

表4-1　　　　　农村"三产"融合发展水平综合评价指标体系

变量	一级指标	二级指标	度量方式	属性
农村"三产"融合水平	农业纵向产业链延伸	农产品加工业	农产品加工业主营业务收入/农业总产值（%）	正向
		农民专业合作规模	农村每万人拥有农民专业合作社数量（个）	正向
	农业横向多功能性拓展	休闲农业活动	休闲农业年营业收入/第一产业总产值（%）	正向
		农林牧渔服务业比重	农林牧渔服务业总产值/第一产业总产值（%）	正向
	农业技术全面融合	设施农业水平	设施农业总面积/耕地面积（%）	正向

表4-2　　　　　　　数字乡村建设水平综合评价指标体系

维度	一级指标	二级指标	度量方式	属性
数字乡村建设水平	数字基础设施	互联网普及率	农村互联网宽带接入用户数（万户）	正向
		智能手机普及率	农村每百万户年末移动电话拥有量（部）	正向
		广播电视普及率	农村有线广播电视入户率（%）	正向
		农业气象观测站	农村气象观测业务（个）	正向
	数字资金支持	农业生产投资	农林牧渔业固定资产投资（亿元）	正向
		涉农金融投资	涉农贷款余额（亿元）	正向
	数字服务能力	数字服务消费水平	农村居民家庭人均交通通信消费支出（元）	正向
		物联网等信息技术应用情况	农村邮政网点平均服务人口（人）	负向
		数字乡村建设人才	公有经济企事业单位农业技术专业人员（人）	正向
	数字产业发展	农村物流覆盖率	农村投递路线（公里）	正向
		网络支付水平	农村数字普惠金融指数	正向
		数字交易水平	农村电子商务采购额和销售额（亿元）	正向

3. 中介变量：（1）农业机械化水平（*AGR*）。参考陆杉和熊娇（2023）的研究思路，采用农业机械总动力占农作物总播种面积的比重来衡量，该比重越大，代表农业机械化水平越高。（2）农村创业活跃度（*REP*）。参考李晓园和刘雨濛（2021）的研究思路，采用农村的个体就业人数与私营企业就业人数之和占乡村总人口数的比重来衡量，该比重越大，表明农村创业活跃度越高。

4. 控制变量：参考李晓龙和冉光和（2019）、葛继红等（2022）、李本庆和岳宏志（2022）的研究思路，选取控制变量如下：（1）城镇化率（*CS*）：以城市年末人口占总人口的比重表示。（2）劳动力流动（*LAB*）：以外出务工劳动力数占汇总劳动力数的比重表示。（3）金融发展水平（*FIN*）：以年末金融机构各项贷款余额占地区生产总值的比重表示。（4）技术市场发展水平（*TEM*）：以技术市场成交额占国内生产总值的比重表示。（5）农村人力资本水平（*EDU*）：以农村居民平均受教育年限表示。

（三）综合发展水平测定

因选取的指标属性不同，故对原始指标进行标准化处理，针对正向、负向的指标计算方法存在差异，具体公式为：

正向指标处理公式：

$$Y_{ij} = \frac{\max(X_j) - X_{ij}}{\max(X_j) - \min(X_j)} \qquad (4-2)$$

负向指标处理公式：

$$Y_{ij} = \frac{X_{ij} - \min(X_j)}{\max(X_j) - \min(X_j)} \qquad (4-3)$$

其中，Y_{ij}为标准化后的指标值，i为第i年，j为第j项指标，X_{ij}为第i年第j指标的原始值。$\max(X_j)$为所有年份中j指标的最大值，$\min(X_j)$为所有年份中j指标的最小值。

计算第i年第j个指标值所占的比重：

$$N_{ij} = \frac{Y_{ij}}{\sum_{i=1}^{m} Y_{ij}} \qquad (4-4)$$

其中，m为需要评价的年数。

计算信息熵：

$$e_j = -\frac{1}{\ln m} \sum_{i=1}^{m} (N_{ij} \times ln N_{ij}), 0 \leqslant e_j \leqslant 1 \qquad (4-5)$$

计算信息熵冗余度：

$$d_j = 1 - e_j \qquad (4-6)$$

计算指标权重：

$$w_j = \frac{d_j}{\sum_{j=1}^{m} d_j} \tag{4-7}$$

计算单指标评价得分：

$$S_{ij} = w_j \times Y_{ij} \tag{4-8}$$

计算第 i 年综合指标得分：

$$S_i = \sum_j^n S_{ij} \tag{4-9}$$

（四）数据来源说明

数据来源于《中国统计年鉴》《中国农村统计年鉴》《中国金融年鉴》《中国农产品加工业年鉴》《中国乡镇企业年鉴》，Wind 数据库，国家统计局及相关研究报告等。考虑到数据的可获取性和平稳性，选取 2011～2021 年除西藏以外的 30 个省份作为研究样本。各变量描述性统计结果如表 4-3 所示。

表 4-3　　　　　　　　描述性统计结果

变量	样本量	平均值	标准差	最小值	最大值
RTII	330	0.1798	0.1119	0.0240	0.5299
DVG	330	0.2341	0.1167	0.0488	0.7140
CS	330	0.5963	0.1215	0.3503	0.8960
LAB	330	0.4023	0.0998	0.0778	0.7878
FIN	330	0.0722	0.0310	0.0265	0.1963
TEM	330	0.0164	0.0289	0.0002	0.1750
EDU	330	7.7905	0.6035	5.8476	9.9291
AGR	330	0.6516	0.2397	0.2516	1.3872
REP	330	0.2761	0.4247	0.0270	2.5941

（五）变化趋势分析

为更好把握动向，利用 Stata17.0 软件绘制 2011～2021 年数字乡村建设水平和农村"三产"融合发展水平变化趋势的折线图,具体结果如图4-1、图4-2所示。

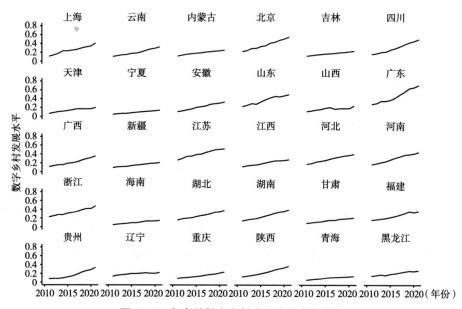

图4-1 各省份数字乡村建设水平变化趋势

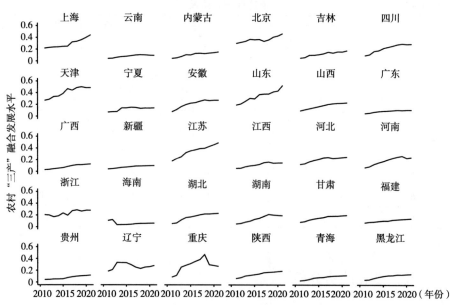

图4-2 各省份农村"三产"融合发展水平变化趋势

由图 4 - 1 可知，在 2011~2021 年研究期内，各省份数字乡村建设总体呈现"递增"发展趋势。如图 4 - 2 所示，农村"三产"融合水平整体也呈现"上升"发展趋势，然而海南、辽宁、重庆等省份呈现先增后减的倒 U 形发展趋势，可能原因是受制于要素供给难以支撑农村产业融合发展的需求，将会掣肘农村产业融合的快速发展态势。

四、实证分析

（一）基准回归分析

表 4 - 4 为数字乡村对农村"三产"融合影响的线性估计结果。其中，第（1）列、第（3）列、第（5）列都只加入核心解释变量，分别为控制时间固定效应、地区固定效应、双向固定效应的估计结果；第（2）列、第（4）列、第（6）列均在上述三列的基础上加入控制变量。回归结果如表 4 - 4所示，影响系数均显著为正，表明数字乡村建设对农村"三产"融合具有积极影响。鉴于不同地区、时点的数字乡村建设情况不尽相同，为有效降低数字乡村对农村"三产"融合发展水平赋能效果高估的可能，故以第（6）列为准，采用时间和地区双固定效应进行模型估计更具准确性。伴随数字经济在"三农"领域不断渗透，能够推动农村电子商务平台兴起以及数字金融不断完善，促进农村产业间的分工和专业化程度得以提升，从而为农村"三产"融合发展赋能。

表 4 -4　　　　　　　　　　基准回归结果

变量	(1)	(2)	(3)	(4)	(5)	(6)
	RTII	*RTII*	*RTII*	*RTII*	*RTII*	*RTII*
DVG	0. 390 ***	0. 218 **	0. 575 ***	0. 237 ***	0. 244 ***	0. 207 ***
	(4. 745)	(2. 447)	(14. 858)	(3. 326)	(3. 209)	(2. 658)
CS		0. 383 ***		0. 341 ***		0. 119
		(6. 429)		(3. 943)		(0. 930)

续表

变量	(1)	(2)	(3)	(4)	(5)	(6)
	RTII	*RTII*	*RTII*	*RTII*	*RTII*	*RTII*
LAB		0.098 *		− 0.092 *		− 0.084
		(1.869)		(− 1.805)		(− 1.550)
TEM		0.429 *		0.641 **		0.884 ***
		(1.822)		(2.116)		(3.115)
FIN		0.405		1.237 ***		0.384
		(1.621)		(6.121)		(1.251)
EDU		0.002		0.004		0.004
		(0.211)		(0.309)		(0.332)
常数项	0.047 ***	− 0.207 ***	0.152 ***	− 0.342 **	0.222 ***	− 0.077
	(2.791)	(− 3.139)	(8.765)	(− 2.533)	(9.088)	(− 0.446)
控制变量	未控制	已控制	未控制	已控制	未控制	已控制
地区固定效应	未控制	未控制	已控制	已控制	已控制	已控制
时间固定效应	已控制	已控制	未控制	未控制	已控制	已控制
样本量	330	330	330	330	330	330

注：括号内数值为 t 值，*、**、*** 分别表示10%、5%、1%的显著性水平。

（二）稳健性分析

1. 剔除直辖市。考虑到直辖市在政治和经济方面的特殊性，会拥有更为明显的政策优势，所以加入直辖市数据可能会影响本章回归结果的可靠性，因此将直辖市的相关数据予以剔除，再次重复上述基准回归操作，以保证研究结论具有普遍性，回归结果如表4－5第（1）列所示，数字乡村建设对农村"三产"融合具有显著正向影响，与基准回归结论基本一致，结果稳健。

2. 双侧1%缩尾。为避免极端值和异常值对实证结果的干扰，对所有连续型变量进行双侧1%缩尾处理，然后以此为基础重新进行实证回归。结果如表4－5第（2）列显示，数字乡村影响系数在1%统计水平上显著为正，进而有效证实核心结论的可靠性。

表 4 - 5　　　　　　　　　　　　　　稳健性检验一

变量	(1)	(2)	(3)	(4)
	剔除直辖市	双侧1%缩尾	替换核心解释变量	工具变量法
DVG	0.293***			0.439**
	(3.551)			(2.322)
DVG_W		0.326***		
		(4.283)		
L. DVG			0.231**	
			(2.557)	
一阶段 F 值	—	—	—	29.654
常数项	0.007	-0.054	0.004	-0.117
	(0.055)	(-0.311)	(0.022)	(-0.583)
控制变量	已控制	已控制	已控制	已控制
地区固定效应	已控制	已控制	已控制	已控制
时间固定效应	已控制	已控制	已控制	已控制
样本量	286	330	300	330

注：括号内数值为 t 值，**、*** 分别表示5%、1%的显著性水平。

3. 替换核心解释变量。考虑到数字乡村对农村"三产"融合发展水平影响具有时滞性，故本书将核心解释变量替换为滞后一期的数字乡村建设水平，再次进行实证回归分析。结果如表 4 - 5 第（3）列所示，数字乡村对农村"三产"融合发展水平正向影响依旧明显，充分论证基准回归结果的合理性。

4. 工具变量检验。为避免反向因果和遗漏变量导致的内生性问题，故采用工具变量法进行处理，本书选取 1984 年每百人固定电话数作为工具变量，但由于该变量为截面数据，无法直接作为面板数据展开实证分析。为使其具有动态特征，因此借鉴黄群慧等（2019）的研究思路，选取 1984 年每百人固定电话数与上一年全国互联网用户数的交互项作为工具变量。一方面，互联网技术的发展始于固定电话的普及，历史上的电信基础设施建设情况能够对后续互联网普及和数字经济发展产生影响，与当期数字乡村建设水平高度相关。另一方面，历史数据与当前农村"三产"融合发展水平相关性较低，满足工具变量的外生性条件。另外第一阶段的 F 值大于 16.38，表明不存在弱工具变量，符合工具变量选取标准。回归结果如表 4 – 5 第（4）列所示，在控制内生性问题后，数字乡村建设对农村"三产"融合的正向影响依旧明显，结果较为稳健。

5. 分位数回归。为进一步验证数字乡村建设对农村"三产"融合发展水平的驱动功效，参考程名望等（2015）的研究思路，选取的 3 个代表性分位数分别为 25%、50% 和 75%，采用面板分位数回归模型进行再次稳健性检验。结果如表 4 – 6 所示，无论农村"三产"融合处于何种水平，数字乡村建设对农村"三产"融合的积极影响依旧显著，与基准回归结果保持一致，这也再次验证研究假说 1。

表 4 – 6　　　　　　　　　　稳健性检验二

变量	(1)	(2)	(3)
	Q25	Q50	Q75
DVG	0. 268 ***	0. 213 ***	0. 239 ***
	(3. 891)	(2. 865)	(3. 176)
常数项	0. 175	0. 230	0. 184
	(0. 749)	(0. 909)	(0. 720)
控制变量	已控制	已控制	已控制
地区固定效应	已控制	已控制	已控制
时间固定效应	已控制	已控制	已控制
样本量	330	330	330

注：括号内数值为 t 值，*** 表示 1% 的显著性水平。

（三）异质性分析

1. 区域异质性分析。数字乡村建设是我国农业经济发展的主要驱动力，但作用效果在东中西部呈现显著异质性特征。表 4 – 7 的回归分析结果显示，东、中、西三大地区数字乡村的影响系数均显著为正，但对比回归系数不难发现，中部地区数字乡村对农村"三产"融合发展的赋能效果更为显著。首先，东部沿海发达地区由于土地空间十分有限，只能重点发展工业和第三产业，第一产业占比最低，而且伴随城镇化水平的不断提高，沿海不少地方的第一产业增加值将进一步减少，故数字乡村建设对东部地区农村"三产"融合赋能效果有限。其次，西部地区地域辽阔，"三产"资源十分丰富，很多省份在相当程度上仍然是农业省区，但农业发展面临着更加严峻的资源禀赋条件，农产品实现价值增值的难度较大，正因为西部地区农业发展面临上述挑战，其在数字乡村建设中将获得更大突破，更有益于提升"三产"融合发展水平。最后，中部地区多为农业大省和农业强省，与较发达的东部地区市场衔接度较高，易缓解农产品的销售难题，故农村"三产"融合发展潜力最大。且产业融合度普遍较低，产业链条亟待完善，有益于充分发挥数字乡村对中部地区农村"三产"融合水平的赋能功效。

表 4 - 7　　　　　　　　　区域异质性分析

变量	(1)	(2)	(3)
	东部	中部	西部
DVG	0.209	0.349 ***	0.286 ***
	(1.478)	(4.450)	(2.645)
常数项	- 0.516	- 0.459 ***	0.796 **
	(- 1.388)	(- 3.163)	(2.200)
控制变量	已控制	已控制	已控制
地区固定效应	已控制	已控制	已控制
时间固定效应	已控制	已控制	已控制
样本量	132	99	99

注：括号内数值为 t 值，** 、*** 分别表示5%、1%的显著性水平。

2. 试点区分析。依据2016年农业农村部公布的农村产业融合发展试点省名单，将30个省份划分为试点区和非试点区。表 4 - 8 回归分析结果发现，试点区数字乡村建设影响系数在1%统计水平上显著为正，非试点区回归系数为正但不显著。首先试点区注重保障全省土地要素权益，规范农村一二三产业融合发展合理用地需求，优化农业空间布局，能够激活农业发展潜力；同时试点区具有政策和资金扶持，可以为数字乡村嵌入传统农业经济模式的改革提供机遇，有益于实现现代先进科技与农业产业的融合发展，故试点区数字乡村建设能够改善农村"三产"融合发展水平。而非试点区面临较高的政策执行难度和风险，获得财政资金支持较少，将会掣肘土地经营规模的快速推进，抑制农业产业链延伸和集群快速发展势头，故非试点区数字乡村建设对农村"三产"融合发展影响不显著。

表4-8 试点区分析

变量	(1)	(2)
	试点区	非试点区
DVG	0.650 ***	0.092
	(4.065)	(1.341)
常数项	0.107 ***	0.281 ***
	(5.203)	(13.387)
控制变量	已控制	已控制
地区固定效应	已控制	已控制
时间固定效应	已控制	已控制
样本量	132	198

注：括号内数值为 t 值，*** 表示1%的显著性水平。

3. 粮食主产区分析。鉴于粮食主产区与非粮食主产区农业地位不同，数字乡村建设对农村"三产"融合影响可能存在明显差异。表4-9回归分析结果显示，粮食主产区数字乡村的回归系数在1%统计水平上显著为正，说明数字乡村建设有益于改善农村"三产"融合发展水平，而非粮食主产区影响系数为负但不显著，表明数字乡村建设对农村"三产"融合的影响具有不确定性。"三产"融合强调在注重农业基础地位的前提下完成，粮食主产区具有雄厚农业基础，能够保障重要农产品有效供给，有益于推进农村产业融合发展，而且国家相关粮食安全政策也为其提供基础保障，故粮食主产区数字乡村建设对农村"三产"融合赋能效果明显。而非粮食主产区多为经济发达省份，产业结构以第二、第三产业为主，农业发展属于相对落后一环，将会掣肘农业多功能性发挥；同时不同地区间的农业资源禀赋差异明显，致使农村产业融合发展也存在较大差距，故非粮食主产区数字乡村建设对农村融合影响不显著，这也进一步佐证区域异质性结论的合理性。

表 4 - 9　　　　　　　　　　　　　粮食主产区分析

变量	(1)	(2)
	粮食主产区	非粮食主产区
DVG	0.711 ***	-0.011
	(7.360)	(-0.153)
常数项	-0.030	0.312 ***
	(-1.383)	(16.257)
控制变量	已控制	已控制
地区固定效应	已控制	已控制
时间固定效应	已控制	已控制
样本量	143	187

注：括号内数值为 t 值，*** 表示 1% 的显著性水平。

4. 时间段差异分析。最早在 2014 年中央农村工作会议提出"要把产业链、价值链等现代产业组织方式引入农业，促进一二三产业融合互动"。受相关政策影响，数字乡村建设对农村"三产"融合发展水平的影响可能存在时间段差异，因此将样本区间划分为 2011～2013 年和 2014～2021 年两个时间段进行检验。

由表 4 - 10 可知，数字乡村对农村"三产"融合发展水平的影响确实存在时间段差异。在 2011～2013 年，数字乡村对农村"三产"融合发展水平影响系数为正但不显著。说明在政策提出前，数字乡村建设对农村三次产业之间的优化重组、整合集成、交叉互渗影响不明显。在 2014～2021 年，数字

表 4 - 10　　　　　　　　　　　　　时间段差异分析

变量	(1)	(2)
	2011～2013 年	2014～2021 年
DVG	0.404	0.161 *
	(0.955)	(1.789)
常数项	-1.190 **	0.470 **
	(-2.021)	(2.011)
控制变量	已控制	已控制
地区固定效应	已控制	已控制
时间固定效应	已控制	已控制
样本量	90	240

注：括号内数值为 t 值，*、** 分别表示 10%、5% 的显著性水平。

乡村对农村"三产"融合发展水平回归系数在10%统计水平上显著为正。农村"三产"融合是以农业为基础和依托,通过形成新技术、新业态、新商业模式,带动资源、要素、技术有机重组,进而实现农业现代化。新兴技术革命是提升和引领传统农业在其产业内部及与第二、第三产业融合的基础和前提,伴随现代技术向传统农业领域有机渗透,有益于实现农业与高新技术产业的深度融合,推动农村"三产"融合纵深发展。

五、作用机制分析

为检验数字乡村建设是否能通过作用路径影响农村"三产"融合水平,借鉴江艇(2022)的中介效应检验方法验证农业机械化水平、农村创业活跃度的机制作用,在式(4-1)的基础上构建模型如下:

$$AGR_{i,t} = \gamma_0 + \gamma_1 DVG_{i,t} + \sum \beta_i X_{i,t} + \mu_i + \nu_t + \varepsilon_{i,t} \qquad (4-10)$$

$$REP_{i,t} = \vartheta_0 + \vartheta_1 DVG_{i,t} + \sum \beta_i X_{i,t} + \mu_i + \nu_t + \varepsilon_{i,t} \qquad (4-11)$$

上式中,$AGR_{i,t}$和$REP_{i,t}$分别为中介变量农业机械化水平和农村创业活跃度,γ_0、γ_1、ϑ_0及ϑ_1为待估参数,其他参数定义同式(4-1),表4-11检验了数字乡村赋能农村"三产"融合发展水平的作用机制。

表4-11　　　　　　　　　　机制分析

变量	(1)	(2)
	AGR	*REP*
DVG	0.353 *	0.722 **
	(1.948)	(2.570)
常数项	1.550 ***	5.622 ***
	(2.681)	(6.139)
控制变量	已控制	已控制
地区固定效应	已控制	已控制
时间固定效应	已控制	已控制
样本量	330	330

注:括号内数值为 *t* 值,*、** 和 *** 分别表示10%、5%和1%的显著性水平。

（一）农业机械化水平机制分析

首先第（1）列给出数字乡村建设对农业机械化水平的机制检验结果。数字乡村对农业机械化水平的影响显著为正，表明数字乡村建设有助于提升农业机械化水平，进而能够有效改善农村"三产"融合发展水平。数字乡村建设是实现农业农村现代化的必然要求，为农业农村发展打开了新的空间，可以充分发挥信息化对乡村振兴的驱动作用，并依托于技术要素嵌入为提升农业机械化水平提供助益，有利于加快农业机械化生产进程；同时推动农业机械化普及与应用，能够为农业生产、农产品流通和消费等方面全面赋能，不断塑造农业发展新动能新优势，可以有效促进农村三次产业的相互融合。以上回归结果支持农业机械化水平是数字乡村作用于农村"三产"融合发展的重要渠道，假说2得到有效验证。

（二）农村创业活跃度机制分析

其次第（2）列给出数字乡村建设对农村创业活跃度的机制检验结果。数字乡村对农村创业活跃度的影响显著为正，表明数字乡村建设有助于提升农村创业活跃度，进而可以显著改善农村"三产"融合发展水平。数字乡村建设有利于缓解长尾群体由于金融素养不足所导致的信贷可得性不足问题，能够让更多群体享受到"数字红利"，突破由于"数字技术鸿沟"导致的创业障碍，对提升农村创业活跃度存在积极影响；同时提升农村创业活跃度，能够鼓励和吸纳更多的农户进行自主创业，将闲置劳动力转化为创业要素，借助已有农产品进行产品线升级和市场拓展，更好地促进产业融合发展。以上回归结果支持农村创业活跃度是数字乡村作用于农村"三产"融合发展的重要渠道，假说3得到有效验证。

六、研究结论与政策建议

推动农村一二三产业融合发展，是加快推进农业农村现代化的重要举措。本书采用中国大陆 30 个省份（西藏除外）2011～2021 年面板数据探究数字乡村建设对农村"三产"融合的直接影响效应，并利用中介模型实证检验农业机械化水平和农村创业活跃度在此过程中充当的机制作用。得到主要结论如下：

一是数字乡村建设能够显著赋能农村"三产"融合。伴随数字经济的迅速发展并嵌入乡村社会，能够为农村"三产"融合注入新的数字动能，扩展乡村产业生态系统和生产可能性边界，进而加快农业农村现代化的实现进程。

二是数字乡村建设对农村"三产"融合的影响存在区域异质性、试点区差异、粮食主产区差异和时间段差异。首先具有区域异质性，在中部地区表现得尤为明显。中部地区多为农业强省，农业发展基础好，具有良好的区位优势，农村"三产"融合发展后劲更足，更易发挥数字乡村对农村"三产"融合的赋能功效。其次具有试点区和粮食主产区差异。试点区和粮食主产区农村"三产"融合发展能够获取政府更多的政策和资金支持，故其赋能"三产"融合效果和显著性程度明显强于非试点区和非粮食主产区。最后具有时间段差异。2014 年及以后，中央开始对促进一二三产业融合发展予以重视，农村地区得到政策发展的红利，而技术进步作为推动农村"三产"融合发展的核心驱动力，有效利用将能显著改善农村融合发展水平。

三是数字乡村建设能够通过农业机械化水平间接影响农村"三产"融合。数字乡村建设能够将技术、装备等引入农业生产中，将有效提升农业机械化水平；同时农业机械化是农村"三产"融合的关键环节，农业机械化推广与普及有益于推动农业生产方式的革新与升级，从而为农村"三产"融合发展提供助益。

四是数字乡村建设能够通过农村创业活跃度间接影响农村"三产"融合。数字乡村建设能够有效降低创业门槛和成本，帮助偏远地区识别并把握创业机会，为提升农村创业活跃度提供保障，同时农村创业活动兴起可以加强农村产业集聚效应，有利于推动农产品进行产品线升级和市场拓展，促进农村"三产"融合发展水平的进一步提高。

基于上述结论，提出如下建议：第一，注重数字乡村建设赋能作用，夯实农村"三产"融合数字底座。要加快推进乡村的数字基础设施建设，确保早日实现"5G 网络""千兆光纤"等行政村全覆盖,全力打通乡村数字孤岛,持续推动数字经济下沉乡村,提高乡村信息基础设施在现代农业方面的应用,缩小城乡之间的数字技术接入"鸿沟",为农业转型与产业融合发展创造有利的硬件设施环境。第二,因地制宜推进数字乡村建设,加速政策红利转化为发展动能。应进一步完善并优化数字乡村建设指南,注重数字乡村建设的地区平衡性,既要增加"强优势",也要注意"补短板";同时需要完善粮食主产区利益补偿机制,努力拓宽粮食全产业链发展模式,打造粮食"三产"融合新渠道;应充分利用政策资源优势,坚持创新引领把握发展机遇,进而实现产业间的协同发展。第三,不断提高农业机械应用水平,打造乡村产业融合发展新模式。应进一步加大农机补贴力度,特别是在数字化农机设备方面,推动数字化农机设备的应用,发挥农业机械集成技术、节本增效、推动规模经营的重要作用,为形成完整的农业产业链条提供基本条件保障。第四,不断激发农村创业创新活力,主动适应农村"三产"融合情境。推进农村地区的数字金融征信标准建设,为农村创业活动提供坚实后盾,同时要顺应"三产"融合发展趋势,发挥农业产业集聚效应促使各类要素向乡村靠拢,为推动一二三产业融合发展注入新动能。

| 第五章 |

数字经济与乡村产业振兴研究

产业振兴作为乡村振兴战略实施的着力点和落脚点，是推进农民农村实现共同富裕的有效手段，新发展阶段促进乡村产业振兴势必要寻求新动能（姜长云，2022）。2023 年《中共中央 国务院关于做好 2023 年全面推进乡村振兴重点工作的意见》指出，要全面推进乡村振兴，拓宽农民增收致富渠道，促进乡村产业高质量发展。在新一轮科技和产业革命的驱动下，数字信息技术深刻改变我国农业农村发展的基础，为推动乡村产业振兴、构建现代化农业农村经济体系提供新机遇（孙久文，张翱，2023）。然而，数字化信息技术应用所带来的"数字技术鸿沟"与技术壁垒致使数字乡村建设不平衡问题日益凸显（陈旎，李志，2023）。当前中国农业数字经济渗透率仅为9.7%，对于乡村产业振兴的助推力依旧存在较大提升空间。因此，在全面推进乡村振兴和农业农村发展进入新发展阶段的时代背景下，探讨数字经济发展能否驱动乡村产业振兴？背后的机理又是什么？这些问题的回答对于"后扶贫时代"防止返贫致贫，实现第二个百年奋斗目标具有一定参考价值。

一、文献综述

当前不少学者指出数字经济发展对乡村产业振兴具有积极影响。在数字经济赋能视野下，农村数字经济作为数字乡村战略的核心内容，已成为驱动农业提质增效的新动能（郭朝先，苗雨菲，2023）。周清香和李仙娥

（2022）指出全面推进农村农业数字化生产基础设施建设，通过数字化手段为农业生产运营"赋能"，加快农业生产数字化进程，孕育农业相关产业可持续发展新动能，有益于摆脱农业生产落后现状，促进农村产业结构转型，推动乡村产业得到进一步发展。数字经济凭借"蒲公英效应"将数据要素纳入农业生产过程，强化生产端的信息技术支撑，推动农村产业的数字化、智能化，赋能乡村产业振兴（张蕴萍、栾菁，2022）。数字经济能够创新农村经济发展模式，促进农村分工深化、革新农业产业链的产业形态与商业模式，有益于充分发挥乡村产业的多功能性，激发产业发展活力，实现农业产业链的延伸和价值链的跃升（殷浩栋等，2020；付政，2022）。王定祥（2022）认为农业数字现代化发展能够有效推动乡村资源要素优化配置，让农民尽可能在本地参与第二、第三产业增值收益，为促进农业持续发展注入"数字动力"。数字经济的发展能将信息技术和数字经济理念融入传统产业中，例如，农业的技术进步能够在保障粮食安全的同时，减少对劳动力和土地等传统生产要素的需求，并且随着新技术应用，农业经营管理技术效率和生产率得到进一步提升（龚斌磊等，2020）。史丹（2021）指出数字经济具有高渗透性、广覆盖性和普惠性等特征，通过发挥扩散效应、信息和知识的溢出效应，为城乡产业链深度融合与升级注入新动力。发展数字经济能够突破地理空间障碍，打破以往城乡产业间的边界，加快城乡融合发展进程，有效解决当前农村存在的空心化与农产品市场流通不畅的问题（何雷华等，2022）。

　　然而，也有学者指出数字经济发展可能会对乡村产业振兴产生消极影响。农村地区遭受数字歧视，数字技术释放的普惠效应难以惠及农民，数字经济在农业中的占比远低于工业和服务业（冯朝睿，徐宏宇，2021）。完世伟和汤凯（2022）指出由于农产品附加值普遍偏低、农业物联网设备建设维护困难等原因，延缓乡村产业数字化转型进程，限制数字技术在乡村振兴各个领域的嵌入和渗透，不利于农村产业结构的全面转变。杨江华和刘亚辉（2022）认为农业农村信息化发展不平衡不充分的问题仍较为突出，城乡"数字技术鸿沟"依然显著存在，可能会导致农民相对剥夺感的产生，严重制约农业农村信息化的进一步发展。同时多数乡村留守劳动力趋向老龄化和弱质化，致使乡村地区数字人才支撑不足，易陷入人才与经济之间长期相互掣肘的恶性循环，不利于充分发挥数字经济赋能乡村产业发展的内在潜力

（傅巧灵等，2022）。孔文豪等（2021）也指出数字经济与乡村产业的衔接契合度尚不够高，存在"两张皮"问题，数字技术应用脱离乡村产业发展现实需要。

综上所述，已有研究提供了有益借鉴和参考，但对两者作用机制进行系统理论分析和实证检验的研究相对较少。相比已有文献，本书边际贡献主要有以下三点：第一，基于数字产业化和产业数字化双重视角，深入探究数字经济影响乡村产业振兴的理论逻辑。第二，将农村创业活跃度纳入数字经济发展影响乡村产业振兴的分析框架，深入探讨数字经济发展促进乡村产业振兴的内在作用机制。第三，建立面板门槛模型，考察劳动力错配在数字经济对乡村产业振兴影响中的门槛效应分析，以期为中国乡村产业振兴实现提供一定借鉴价值。

二、理论分析与研究假说

（一）数字经济影响乡村产业振兴的直接效应

随着数字要素渗透到"三农"领域，农村产业发展状况得到不断改善，逐步形成产业数字化与数字化产业互动发展态势。首先，基于产业数字化视角分析。伴随新兴技术的持续演进，其与经济社会各领域融合程度不断加深，农民通过应用物联网与数据等数字技术，引发相关行业业务形态的变革和产业结构的调整，推动产品和服务智能化、数字化，有助于加速淘汰落后产能，催生出新产业、新业态和新商业模式，促进农业生产提质增效，为乡村产业振兴奠定基石。其次，基于数字产业化视角分析。在农村互联网快速下沉的背景下，数字技术推动生产要素重组，增加行业报酬，扩大产业规模，纵向推拉上下游产业联动，表现在农产品种植、加工、销售、消费等行业横向聚合关联配套产业，促进集聚经济效益形成。同时以数字技术为主要内容的数字产业化能够有效缓解乡村市场主体间的信息不对称问题，为信息搜寻成本降低提供助益，通过联通乡村产业链的供、产、销等环节，促进农户与市场有效对接，实现成本最小化、效益最大化，带来的全产业链效应为乡村产业振兴提供保证。基于上述分析，提出假说1。

假说1：数字经济发展对乡村产业振兴具有正向促进作用。

（二）数字经济通过农村创业活跃度影响乡村产业振兴

农村创业活动作为产业振兴可持续的重要力量，是把不同资源组合起来以利用、开发机会并创造价值的过程，能够有效驱动乡村产业振兴实现。农村创业活动可以引导农村地区供给端结构调整，激发农村产业活力，发展壮大乡村产业，拓宽农村居民就业渠道，促进农村居民增收，推动本地区经济发展，最终实现农村资本良性流动，从而赋能乡村产业融合发展。数字经济通过充分发挥信息技术创新中的乘数和溢出效应，增强创业能力和创业动机，从而对农民创业行为产生深刻影响。首先，基于创业能力视角分析。数字经济能够拓宽创业者信息获取渠道，帮助农民把握市场动态和政策规定，为农民创业活动决策提供信息基础，增强农民行动能力，促进创业资源得到优化配置，提高新产品被市场快速接受的可能性，进而有效降低农村创业风险。其次，基于创业动机视角分析。数字经济在社会经济各领域中的持续扩散和广泛渗透，有助于提升地区创业文化氛围，加强创业成功形成的示范效应，带动大众创业、万众创新，吸引资本和劳动力回流，激发农民的创业动机，故有益于农村创业活动兴起。基于上述分析，提出假说2。

假说2：农村创业活跃度提升是数字经济影响乡村产业振兴的有效路径。

（三）劳动力错配在数字经济对乡村产业振兴的影响中存在门槛效应

数字经济推动乡村产业振兴在很大程度上会受到劳动力错配的影响，相对于"有效配置"，错配说明资源偏离最优配置的状态，劳动力错配是指因信息不充分、所有制歧视、市场不完善等因素使资源流动受阻，劳动力生产要素不能充分实现自身价值。农村劳动力是乡村产业振兴的重要投入要素，目前中国农村要素市场仍然存在资产资源盘活不够、要素跨乡和跨域流通不畅等问题（李芳华，姬晨阳，2022）。乡村产业振兴离不开人才振兴，当劳动力错配程度较低时，即可以促进劳动力合理配置，将能有效缓解城乡与区域间的资产及要素错配现状，助力乡村产业振兴实现。当劳动力错配程度不断扩大越过拐点时，非农化就业趋势下农村劳动力严重流失，导致农村人口空心化和宅基地空心化加剧，乡村劳动力和人才要素供给不足，将进一步拉大收入分配差距，致使经济发展呈现恶性循环（胡雪萍等，2023）。同时城镇化快速发展过程中，城镇集聚生产要素和公共资源，职业技能水平较低的农村劳动力在城镇会遭遇结构性就业困境、市场制度分割等问题，难以真正融入城镇，长期兼业经营农地导致农地生产效率不高，对乡村一二三产业融合发展存在消极影响（邓悦，蒋琬仪，2023）。基于上述分析，提出假说3。

假说3：数字经济与乡村产业振兴之间存在劳动力错配的门槛效应。

三、研究设计

（一）数据来源

为保证总体数据的可获得性及连续性，本书选取中国31个省份2011～2020年面板数据作为研究样本。相关数据来源于《中国统计年鉴》《中国农村统计年鉴》《中国科技统计年鉴》及中国农业农村部官方网站公布的数据，部分省份数据缺失采用插值法补齐。

（二）计量模型设计

为探究数字经济发展对乡村产业振兴的直接影响效应。设定基准计量模型如下：

$$RIR_{i,t} = \alpha_i + \alpha_1 DE_{i,t} + \beta_i X_{i,t} + \mu_i + \nu_t + \varepsilon_{i,t} \qquad (5-1)$$

其中，i 为省份，t 为年份，α_i 为待估参数，α_1 和 β_i 分别为核心解释变量数字经济发展水平和各控制变量的回归系数，$X_{i,t}$ 为一系列控制变量，μ_i 和 ν_t 分别为地点和时间固定效应，$\varepsilon_{i,t}$ 为随机扰动项。

（三）变量选取

1. 被解释变量：乡村产业振兴指数（*RIR*）。参考徐维祥等（2020）、胡汉辉和申杰（2023）的研究思路，通过农林牧渔业产值与地区生产总值之比、农业机械化总动力与耕地面积之比以及非粮播种面积与总播种面积之比，构建乡村产业振兴指标体系，对上述指标进行标准化，利用主成分分析法得到乡村产业振兴水平。

2. 核心解释变量：数字经济发展指数（*DE*）。借鉴赵涛等（2020）、傅华楠和李晓春（2023）的研究思路，综合考虑互联网基础，互联网普及、数字产业支撑和数字普惠金融四个方面构建数字经济评价指标体系，对上述指标进行标准化，再利用主成分分析法对指标确权，进而测算得到数字经济发展指数（见表5-1）。

表5-1　　　　　　　　　数字经济指标体系

指标		度量方式
数字经济发展指数	互联网基础	光缆密度（公里）
		百人移动电话交换机容量（户）
	互联网普及	百人互联网接入端口数（个）
		百人移动电话用户数（户）
		百人互联网宽带接入户数（户）
		人均电信业务量（万元）
	数字产业支撑	信息传输、软件和信息服务业城镇就业人数占比（%）
	数字普惠金融	数字普惠金融覆盖广度
		数字普惠金融使用深度
		数字普惠金融数字化程度

3. 中介变量：农村创业活跃度（*ENT*）。借鉴李晓龙和冉光和（2019）的研究思路，利用农村私营企业就业人数和个体就业人数之和与乡村人口总数的比重衡量区域农村创业活跃度，该比值越大，创业活跃度越高。

4. 门槛变量：劳动力错配指数（*LAB*）。借鉴季书涵等（2016）的研究思路，采用扭曲系数来衡量劳动错配，能反映单个地区以及地区间的要素错配情况。由于可能存在 $LAB>0$ 和 $LAB<0$ 两种情况，为使回归方向一致，对劳动力错配指数绝对值处理，数值越大，表示劳动力错配情况越严重。

5. 控制变量：由于乡村产业振兴水平除会受到数字经济影响外，还会受到一系列内外部因素的影响。为确保回归结果的可靠性，对可能会对乡村产业振兴产生影响的其他因素予以控制。参考张林和温涛（2020）、李晓园和刘雨濛（2021）、齐文浩等（2021）的研究思路，选取如下控制变量：（1）农民受教育程度（EDU）：以农村人均受教育年限表示。（2）农村用水安全（YS）：以农村用水普及率表示。（3）村庄绿化程度（LH）：以绿化覆盖率表示。（4）公路通达强度（GL）：采用公路里程数与所在区域面积的比重表示。（5）城市化率（CS）：采用年末城镇人口与总人口的比重表示。各变量描述性统计如表5-2所示。

表5-2 描述性统计

变量	样本量	平均值	标准差	最小值	最大值
RIR	310	0.217	0.652	-2.052	1.433
DE	310	0.000	1.501	-2.508	6.344
ENT	310	0.252	0.416	0.018	3.120
LAB	310	0.276	0.215	0.000	1.438
EDU	310	7.664	0.817	3.804	9.741
YS	310	72.122	18.147	26.880	97.540
LH	310	14.080	6.237	3.100	31.024
GL	310	0.917	0.521	0.051	2.205
CS	310	58.050	13.142	22.840	89.600

四、实证分析

（一）基准回归

出于对比分析，采用混合最小二乘模型（OLS）和双向固定效应面板模型（*FE*）进行估计。首先使用普通最小二乘法对基准模型进行回归，以初步检验数字经济对乡村产业振兴的影响，回归结果见表5－3第（1）列和第（2）列。表5－3第（1）列未加入控制变量，数字经济对乡村产业振兴水平的影响系数为0.145，且通过1%的显著性统计水平上的检验，表明数字经济与乡村产业振兴之间存在显著的正相关关系。第（2）列加入控制影响乡村产业振兴水平的变量，结果表明数字经济的回归系数仍显著为正。其次采用个体、时点双固定效应模型进行回归，回归结果见表5－3第（3）列和第（4）列。表5－3第（3）列采用未加入控制变量，数字经济对乡村产业振兴水平的影响系数为0.110，且通过1%的显著性统计水平上的检验，表明数字经济发展有助于乡村产业振兴水平提升。第（4）列加入控制影响乡村产业振兴水平的变量后，结果显示数字经济对乡村产业振兴的积极影响作用依旧明显。经过上述分析，无论是采用混合最小二乘模型还是双向固定效应面板模型，数字经济对乡村产业振兴均具有显著促进作用，假说1得到验证。首先，基于数字产业化视角，通过数字技术和数据要素的引入，能够促进数字经济与乡村产业深度融合，催生出一大批数字新产业、新业态和新模式，推动乡村产业多元化发展。其次，基于产业数字化视角，数字经济可以通过数字赋能实现新旧动能转换，推动乡村产业转型升级，激发农村内在活力，加快乡村产业现代化进程，促进乡村产业振兴实现。

表5－3   基准回归结果

变量	(1)	(2)	(3)	(4)
	OLS	*OLS*	*FE*	*FE*
DE	0.145 ***	0.072 **	0.110 ***	0.126 ***
	(6.19)	(2.39)	(3.93)	(4.42)
EDU		− 0.280 ***		0.049
		(− 5.06)		(1.18)
YS		0.003		0.003 *
		(1.15)		(1.68)
LH		0.024 ***		0.001
		(3.58)		(0.18)

变量	(1)	(2)	(3)	(4)
	OLS	OLS	FE	FE
GL		0.409 ***		−0.066
		(5.15)		(−0.58)
CS		0.008 *		0.011 **
		(1.76)		(2.06)
常数项	0.217 ***	1.018 ***	1.234 ***	−0.185
	(6.19)	(2.65)	(30.60)	(−0.33)
控制变量	未控制	控制	未控制	控制
地区固定效应	未控制	未控制	控制	控制
时间固定效应	未控制	未控制	控制	控制
样本量	310	310	310	310

注：括号里是 t 值，*、** 和 *** 分别表示在 10%、5% 和 1% 的统计水平上显著。

（二）区域异质性分析

鉴于我国东部与中西部地区的经济发展水平，特别是数字经济发展水平差异较大，故进行区域异质性分析。表 5-4 区域异质性分析结果显示，与中西部地区相比，东部地区数字经济对乡村产业振兴水平提升作用更为显著。可能原因是东部地区是我国经济发展发达地区，数字基础设施建设起步早、发展快，与传统产业融合发展程度较高，能有效发挥数据要素潜能，推动数字产业迅猛发展，促进产业结构优化升级。同时东部地区在财政资金、科技人才、基础设施上更具比较优势，一般具备更高的市场化程度，其劳动力错配程度优于中西部地区，有益于充分释放数字红利，拓宽农村农业多元价值，带动乡村产业进一步发展。而中西部地区该作用不显著，可能原因是中西部地区受到技术水平薄弱，基础设施不完善，专业人才匮乏等因素影响。农村地区本身相对于城市更是存在严峻的区域性滞后，而且与东部地区相比，中西部地区数字技术发展起步较晚，"数字技术鸿沟"是其数字乡村建设的突出症结，难以充分发挥其应有"数字红利"，对这些地区投资的边际产出价值不高，导致中西部地区陷入资源错配加剧僵局，但由于政策支持及东部地区的示范作用和辐射带动效应，故数字经济发展对于该地区乡村产业振兴驱动功效得以凸显。

表 5 - 4　　　　　　　　　　　区域异质性分析

变量	(1)	(2)
	东部	中西部
DE	0.230 ***	0.089 **
	(4.68)	(2.43)
常数项	- 1.353	- 1.209 **
	(- 1.39)	(- 2.24)
控制变量	控制	控制
地区固定效应	控制	控制
时间固定效应	控制	控制
样本量	120	190

注：括号里是 t 值，** 、*** 分别表示在 5% 、1% 的统计水平上显著。

(三) 稳健性检验

1. 核心解释变量滞后一期。考虑到数字经济对乡村产业振兴水平的影响可能具有时滞性，为确保研究结果可靠，故选择滞后一期数字经济发展指数作为核心解释变量的替换变量，再次采用双向固定效应模型来进行实证检验，研究结果如表 5 - 5 中第 (1) 列所示，滞后一期核心解释变量的回归系数在 1% 统计水平上显著为正，与前文研究结果保持一致。

表 5 - 5　　　　　　　　　　　稳健性检验

变量	(1)	(2)	(3)	(4)	(5)	(6)
	核心解释变量滞后一期	替换估计方法	剔除直辖市	调整样本期	双侧1%缩尾	工具变量法
L. DE	0.099 ***					
	(3.44)					
DE		0.852 ***	0.082 **	0.071 ***	0.082 **	0.238 **
		(2.62)	(2.59)	(2.71)	(2.30)	(2.10)

续表

变量	(1) 核心解释变量滞后一期	(2) 替换估计方法	(3) 剔除直辖市	(4) 调整样本期	(5) 双侧1%缩尾	(6) 工具变量法
常数项	0.000 (0.00)	−0.248 (−0.43)	−0.892 * (−1.94)	−0.529 (−0.88)	0.441 (0.58)	−0.274 (−0.51)
一阶段 F 值	—	—	—	—	—	16.039
控制变量	控制	控制	控制	控制	控制	控制
地区固定效应	控制	控制	控制	控制	控制	控制
时间固定效应	控制	控制	控制	控制	控制	控制
样本量	279	310	270	248	310	310

注：括号里是 t 值，*、** 和 *** 分别表示在10%、5%和1%的统计水平上显著。

2. 替换变量估计方法。考虑到上文采用主成分分析法测算出的数字经济发展指数可能会存在一定误差，故在此采用更换估计方法进行稳健性检验，以上文构建的指标体系为依据并使用熵权法方法对数字经济发展水平进行再次测算。实证结果如表5-5中第（2）列所示，数字经济对乡村产业振兴水平的影响系数为0.852且在1%统计水平上显著，这表明数字经济发展有助于乡村实现产业振兴，进一步验证实证结果的稳健可靠性。

3. 剔除直辖市。鉴于北京、天津、重庆、上海四市在中国式农业农村现代化发展上具有一定特殊性，为检验本书结论是否具有普遍性，故选择剔除直辖市后对剩余样本重新进行估计。所得回归结果见表5-5中第（3）列，数字经济对乡村产业振兴正向影响依旧明显，再次验证了结果的显著性。

4. 调整样本期。考虑到自2012年后，中国所面临增速换挡和结构调整的双重压力可能会影响模型估计合理性，故选择剔除2013年之前样本再次进行回归，实证结果如表5-5第（4）列所示，数字经济影响系数在1%统计水平上显著为正，表明数字经济发展能够赋能乡村产业振兴，有效证实基准回归的可靠性。

5. 双侧1%缩尾。为弱化异常值对回归结果的影响，对连续变量进行双侧1%的缩尾处理，并重新检验数字经济对乡村产业振兴的影响。实证结果见表5-5第（5）列，核心解释变量的估计结果仍与前文保持一致，说明基准回归的稳健性。

6. 工具变量与内生性检验。尽管我们已控制部分影响乡村产业振兴的其他变量,但基于数据可得性与一些无法直接测度的因素,数字经济发展对乡村产业振兴影响可能存在内生性偏误,故本书借鉴黄群慧等(2019)、孙伟增和郭冬梅(2021)的思路,选取各省份1984年每百人固定电话数作为工具变量进行稳健性检验。但该变量对应的是截面数据,不适用于本书的研究样本,为满足工具变量在面板模型中的使用要求,故与上一年全国信息技术服务收入相乘以构成面板数据进行两阶段最小二乘法(IV-2SLS)估计。一方面,该交互项与数字经济发展之间存在明显关联,另一方面与乡村产业振兴之间无直接联系,满足工具变量的相关性和外生性要求。工具变量检验结果如表6-5第(6)列所示,对应 F 值为16.039,显著大于经验值10,并且 F 统计量的 P 值为0,因此有理由认为不存在弱工具变量,模型设置合理。同时在内生性问题得到有效控制后,数字经济回归系数仍在5%统计水平上显著为正,说明数字经济对乡村产业振兴的功效依旧明显,实证结果的可靠性再次得到验证。

(四)门槛效应分析

由于受不同劳动力错配指数的影响,数字经济对乡村产业振兴的影响可能存在非线性特征,即伴随劳动力错配指数不断提高,数字经济对乡村产业振兴的影响可能还会发生转折性变化。故借鉴汉森(1999)的非动态面板门槛模型回归思路,采用面板门槛回归模型对原模型进行重新估计,将劳动力错配作为门槛变量,研究数字经济、劳动力错配与乡村产业振兴之间的关系。设定门槛模型为:

$$RIR_{i,t} = \alpha_i + \zeta_1 DE(LAB \leq y) + \zeta_2 DE_{i,t}(LAB > y) + B_i X_{i,t} + \mu_i + \nu_t + \varepsilon_{i,t}$$
(5-2)

$$RIR_{i,t} = \alpha_i + \tau_1 DE_{i,t}(LAB \leq y_1) + \cdots + \tau_m DE_{i,t}(y_{m-1} < LAB \leq y_m)$$
$$+ \tau_{m+1}(LAB > y_m) + B_i X_{i,t} + \mu_i + \nu_t + \varepsilon_{i,t}$$
(5-3)

其中, y 为门槛值, ζ_i 和 τ_i 为不同门槛水平下核心解释变量数字经济的回归系数,其他字母含义同式(5-1)。若存在单一门槛,则进行双重门槛模型检验,以此类推。

首先确定模型是否存在门槛效应,并依次进行单一门槛、双重门槛的检验,检验结果如表5-6所示,单重门槛在5%统计水平上通过检验,双重门槛对应 P 值为0.770,未通过显著性检验,表明劳动力错配对数字经济促进乡村产业振兴具有单门槛效应。

表5-6 门槛效应检验结果

门槛变量	模型	F 值	P 值	10% 临界值	5% 临界值	1% 临界值	BS 次数
LAB	单一门槛	65.56	0.017	35.868	44.991	70.530	300
	双重门槛	6.50	0.770	38.056	55.906	97.383	300

在确定单一门槛后,对门槛估计值及相应的置信区间展开分析,结果如表5-7所示,门槛对应的门限值为0.180。

表5-7 门槛值结果

门槛变量	门槛值	估计值	95%置信区间下限	95%置信区间上限
LAB	*γ*	0.756	0.597	0.942

在确定单重门槛值的基础上,对数字经济作用于乡村产业振兴的非线性单重门槛模型进行回归分析,由表5-8可知,数字经济发展对乡村产业振兴的回归系数在两个区间变动。当劳动力错配指数小于0.756时,数字经济对乡村产业振兴的影响系数在1%统计水平上显著为正;当劳动力错配指数大于0.756时,数字经济对乡村产业振兴的回归系数产生转折性变化,在1%统计水平上显著为负。这说明当劳动力错配指数扩大到一定程度后,数字经济发展对乡村产业振兴的作用方向和显著性特征产生反转,不利于乡村产业得到进一步发展,假说3得到验证。可能原因是在城镇化快速发展过程中,乡村作为一种"附属供给"被动地卷入城镇化的浪潮;在城市的"虹吸效应"影响下,会引起生产要素和公共资源向城镇集聚,导致农村人口空心化和宅基地空心化加剧,进而抑制乡村地区自我发展能力。

表 5 – 8 门槛效应回归结果

变量		*RIR*
		（1）
DE	*LAB* ≤ 0. 756	0. 063 ***
		（4. 88）
	LAB > 0. 756	− 0. 154 ***
		（− 5. 69）
常数项		0. 110
		（0. 29）
控制变量		控制
地区固定		控制
时间固定		控制
样本量		310

注：括号里是 *t* 值，*** 表示在 1% 的统计水平上显著。

五、机制分析

与传统回归分析相比，中介效应能够深层次剖析变量间的间接作用机制，参考温忠麟等（2004）的做法，利用逐步回归系数法对农村创业活跃度进行中介效应检验。首先，探讨数字经济能否通过农村创业活跃度提升赋能乡村产业振兴，并构建中介效应模型如下：

$$RIR_{i,t} = \alpha_i + \vartheta_1 DE_{i,t} + \beta_i X_{i,t} + \mu_i + \nu_t + \varepsilon_{i,t} \qquad (5-4)$$

$$ENT_{i,t} = \alpha_i + \varphi_1 DE_{i,t} + \beta_i X_{i,t} + \mu_i + \nu_t + \varepsilon_{i,t} \qquad (5-5)$$

$$RIR_{i,t} = \alpha_i + \kappa_1 DE_{i,t} + \kappa_2 ENT_{i,t} + \beta_i X_{i,t} + \mu_i + \nu_t + \varepsilon_{i,t} \qquad (5-6)$$

其中，ϑ_i、φ_i、κ_i 为一系列待估参数，式（5 – 4）中 ϑ_1 为数字经济对于乡村产业振兴的影响总效应，式（5 – 5）中 φ_1 为数字经济对中介变量农村创业活跃度的影响系数；式（5 – 5）中的 φ_1 和式（5 – 6）中的 κ_1 之间的乘积为数字经济通过农村创业活跃度影响乡村产业振兴的间接效应，其他参数含义同式（5 – 1）。

    表5-9为数字经济通过农村创业活跃度机制对乡村产业振兴产生的影响。首先,第(1)列结果表明中介变量未添加时,数字经济能够在1%统计水平上显著促进乡村产业振兴,系数为0.126。其次,加入中介变量后,第(2)、第(3)列结果表明,数字经济发展能够带动农村创业活跃度提升,并且在1%统计水平上显著对乡村产业振兴存在积极影响;同时农村创业活跃度提升也有利于乡村产业振兴,表明农村创业活跃度具有中介作用,即数字经济可以通过农村创业活跃度为乡村产业振兴赋能,假说2得到验证。可能原因,一是数字经济与传统产业深度融合,使得农业产业链数字化程度增强,促进农村产业多元化发展,保障乡村产业现实生产力,进而赋能农业生产效率提升。二是数字技术广泛应用能够拓宽农村创业者信息获取渠道,降低市场需求信息的搜索成本,增强农民的创业动机,为创业活动提供良好的基础和市场环境。此外,农村创业活动是产业振兴可持续的重要力量,提升农村创业活跃度能够为乡村产业发展注入新的生机。

表5-9   农村创业活跃度中介机制检验

变量	(1)	(2)	(3)
	RIR	ENT	RIR
DE	0.126 *** (4.42)	0.057 ** (2.02)	0.112 *** (4.01)
ENT			0.250 *** (4.09)
常数项	-0.185 (-0.33)	6.266 *** (11.38)	-1.751 *** (-2.63)
控制变量	控制	控制	控制
地区固定	控制	控制	控制
时间固定	控制	控制	控制
样本量	310	310	310

注:括号里是 t 值,** 、*** 分别表示在5%、1%的统计水平上显著。

六、研究结论与政策建议

产业振兴是乡村形成自我造血能力的关键所在，新发展阶段促进乡村产业振兴势必要寻求新动能，数字经济在促进农村产业提质增效方面展现强劲态势，推动农村进入以数字化、智能化为生产力的新阶段，对加快农业农村现代化进程具有重要意义。本书基于 2011 ~ 2020 年中国 31 个省份面板数据，深入探讨数字经济对乡村产业振兴的影响效应及其内在机制，主要研究结论如下：

第一，数字经济发展对乡村产业振兴具有正向促进作用，该结论通过一系列稳健性检验得到证实。数字经济发展能够优化乡村生产要素配置，补齐乡村产业发展短板，加快农业农村现代化进程，以数字产业化为手段推动产业融合，助力乡村产业振兴。

第二，考虑异质性状况下，数字经济对乡村产业振兴影响具有区域异质性。由于东部地区是数字经济发展的当先区域，数字基础设施建设较为完备，农村农业数字化应用程度不断加深，形成对农村资源进行有效利用，能够充分发挥数字经济潜能，故数字经济对东部地区积极影响强于中西部。

第三，数字经济对乡村产业振兴影响存在基于劳动力错配的门槛效应。数字经济发展能够破解要素城乡双向流动藩篱，减少由于地理空间和市场壁垒引发的市场分割问题，促进劳动力资源的转移与共享，有助于缓解乡村产业空心化问题，驱动乡村产业振兴。

第四，农村创业活跃度提升是数字经济影响乡村产业振兴的有效路径。数字经济发展有助于缓解在创业过程中所遭遇的信息不对称问题，满足农村创业者的信息获取需求，便于开发和识别数字创业机会，增强信息研判和评估能力，为农民创业活动"保驾护航"，进而提升乡村内生经济增长动力，催生乡村产业新模式、新业态发展，为乡村产业振兴提供重要契机。

为此提出针对性政策建议，第一，加强数字基础设施建设，大力发展产业互联网。要加快农村地区数字基础设施建设，增强农村地区对外部资源的接入能力和引导能力，构建良好数字经济发展环境；全面推动数字经济与乡村产业的深度融合，提升数字技术对乡村产业发展的贡献率，增强乡村发展的内生动力，打造现代化、新时代乡村。第二，注重数字经济赋能效果差异，弥合区域之间"数字技术鸿沟"。要发挥东部地区对中西部地区的示范与带动作用，通过与中西部地区共建数字农业产业园区、共享数字农业信息平台等方式，帮助中西部地区进行数字化转型与数字创新；同时中西部地区要利用后发优势抓住数字经济发展红利，积极融入数字农业分工体系，形成发达地区和落后地区乡村协同振兴。第三，加强数字经济辐射作用，推动劳动力优化配置。要增强数字经济对三大产业的渗透能力，不断削弱劳动力市场流动障碍，加速劳动力跨区域整合效力，提升劳动要素市场配置效率；同时利用先进数字技术增强农业生产能力，吸引和鼓励人才植根乡村，弥补农村人口劳动力不足的缺陷，服务乡村产业振兴。第四，培育农村居民数字素养，提升创新创业能力。要充分利用数字技术和数字经济对农村创业活动的推动作用，增强创业主体之间信息交流与合作，营造乡村创新创业氛围；同时要加大创业过程中各项知识和技能培训，提高数字技术运用能力，有效降低创业失败率，让创新创业群体留得住、能兴业、有奔头。

| 第六章 |

农村集体经济与乡村振兴研究

乡村振兴战略是解决中国城乡发展不平衡和农村发展不充分的矛盾的重要举措（黄祖辉，2018；陈锡文，2018）。在推进乡村全面振兴过程中，乡村建设取得巨大成就，具体体现在公共设施、人居环境、精神文明及治理体系等方面。与此同时，农村地区居民美好生活需要日益广泛，不仅要求物质生活上的富足，也要求生活在宜居宜业和美的乡村（唐任伍，2018；Liu et al. ，2021）。然而现阶段，中国也正面临着农村衰落的现象，突出表现为乡村空心化、乡村人才流失等现象，导致乡村地区边缘化（张军，2018）。由此可见，如何增强广大农村居民获得感、幸福感与安全感，为农民创造更多增收发展渠道，并确立农民在乡村发展中的主体地位，是现阶段政府工作的重中之重。

一、文献综述

农村集体经济作为我国基本经济制度的重要构件，是农村工作的立基之石。其通过盘活农村集体资产、实现资源的市场化运营和长期保值增值，带来稳定的资源收益，是新时代全面推进乡村振兴的关键一环（Chen，2016；孔祥智，高强，2017；肖红波，陈萌萌，2021）。农业农村部相关资料显示，截至 2021 年底，全国农村集体经济组织资产达 8.22 万亿元，其中经营性资产 3.74 万亿元。提升农民获得感、幸福感与安全感的关键就在于多渠道助力小农户增产增收。农村集体经济依托乡村资源要素禀赋、利用差异化战略构筑错位竞争优势及推动"三产"融合，一定程度上拓宽乡村"小农户"对接"大市场"渠道，催生出农村经济发展新活力（高鸣等，2021；芦千文，杨义武，2022）。在推进农村集体经济产权制度改革背景下，农村集体经济发展是否能够产生显著乡村振兴效应，又存在怎样内在作用机制？回答上述问题对于全面揭示农村集体经济发展的乡村振兴效果并优化农村集体经济改革政策体系，具有重要的理论和现实意义。

现有文献重点考察农村集体经济的演进逻辑与乡村振兴的推进路径，可以划分为三个方面：一是关于农村集体经济研究。一部分学者在梳理农村集体经济发展历程基础上（高鸣，芦千文，2019；仝志辉，陈淑龙，2019），探讨农村集体经济发展形势及其存在问题，如农村集体经济过于依赖土地资源和传统产业，缺乏多元化和创新性的发展模式，难以有效地发挥联农带农作用（黄延信，2015；梁昊，2016）。为破解集体经济面临自身"造血"功能不足困境，学者们尝试从农村集体产权制度改革、构建多层次多形式多类型的农村集体经济发展模式、完善集体经济组织发展扶持政策等方面探索推动集体经济发展的实现路径（芦千文，杨义武，2022；徐勇，赵德健，2015；许泉等，2016）。另一部分学者则聚焦新型集体经济的定义、具体发展模式与实现路径。例如，周立等（2021）通过案例分析认为资源匮乏型村庄通过驱动村庄内生发展带动新型集体经济的壮大。二是对乡村振兴的研究。随着乡村振兴实践不断推进过程中，理论上阐释乡村振兴理论内涵的讨论逐步增多。一部分学者研究集中在乡村振兴理论渊源、理论逻辑、推进路径等方面（张海鹏等，2018；刘儒等，2020；杨新荣等，2018）。另一部分学者尝试在把握乡村振兴深刻内涵基础上测度乡村振兴发展水平（张挺等，2018）。三是农村集体经济发展与乡村振兴的关系。学者们指出乡村振兴离不开农村集体经济，农村集体经济构成乡村振兴的经济基础之一（贺雪峰，2019；夏柱智，2021），对农村集体经济需要从强化既有职能、赋予动产财产权职能、赋予不动产有限处分权职能三个方面进行职能重构，实现农村各类资源的有效利用，促进乡村振兴（洪燕，2019）。总体来看，目前关于集体经济与乡村振兴的研究偏重宏观层面理论阐释与政策解读，同时农村集体经济能助推乡村振兴发展已经逐渐成为学者的共识，但已有研究相对忽视农村集体经济推动乡村振兴中农民主观效用评价，而农民满意度是作为乡村振兴的行动指南、评判标尺、动力源泉，现有文献相对较少尝试基于农村居民主观效应视角，系统探究农村集体经济的乡村振兴效应及其内在作用机制。

综上所述，基于农村居民主观效用视角，借助 2020～2022 年中国土地经济调查数据（CLES），聚焦于农村集体经济与乡村振兴这两个主题，探讨农村集体经济的演化规律与微观个体对乡村振兴的满意度之间的逻辑关系。本书可能的边际贡献在于：第一，基于农村居民主观效应视角，实证分析农村集体经济发展的乡村振兴效应，正确评估中国农村集体经济的带动作用，由此深化对农村集体经济发展与乡村振兴的基本认识；第二，基于集体行动与福利经济学理论，尝试将收入调节效应、公共服务均等效应和信心正反馈效应纳入分析的理论框架中，实证检验农村集体经济的乡村振兴效应的内在作用机制，廓清农村集体经济与乡村振兴满意度之间的内在机理；第三，尝试全方位多视角考察农村集体经济的异质性和包容性特征，有助于厘清探寻集体经济改革政策着力点，从而更有效地发挥集体经济发展的积极效应。

二、理论分析与研究假说

（一）农村集体经济与乡村振兴满意度

随着农村集体产权制度改革的顶层设计不断完善，协同推进集体经济组织与农业农村发展的深度融合，形成集体经济内生型发展的可持续路径。农村集体经济作为对接国家资源、激发农民积极性及建设美丽乡村的公共平台，极大地改善村落个体化、离散化的后乡土社会困境，是实现乡村振兴战略与共同富裕目标的有效途径。

共同富裕与乡村振兴双重背景下的主题词是幸福。其中，农村居民的满足感作为幸福感重要组成部分，是共同富裕与乡村振兴在精神层面需要解决的一个重要问题。以发展和福利为主题的农村集体经济，其通过盘活农村资源、促进集体资产保值增值与构建高效公平利益联结机制，逐渐成为农村居民的生活水平提高与福祉增进的重要载体，为实现"强村富农"目标奠定基础。首先，农村集体经济能够利用市场机制经营管理集体资源要素，构建"集体搭台、个人唱戏"的经济发展模式，有效地解决农户直接与各类市场主体竞争与合作时处于弱势地位的问题、破解农村资源"小散弱"的缺陷及城乡资源要素对接载体缺失的困境，在促进农村集体经济发展壮大的同时，提高农民主观效用。其次，在农村劳动力流失和人口老龄化的背景下，农村集体经济能够借助所掌握的资源要素与每个农户之间产生密切联系，加强乡村个体与群体的凝聚，激发村民的集体主义精神，形成治理主体间的合作共治的良好氛围。最后，作为利益联结载体，农村集体经济为村落共同体的建设和维护提供经济基础，改变村社集体能力丧失、村庄公共性衰落局面，重塑农村居民对乡村情感与精神。这不仅改善农户之间的沟通与交流，加强不同利益相关者的合作，而且对农村居民的乡村振兴满意度产生深刻影响。基于上述分析，提出假说1。

假说1：农村集体经济能够提高农村居民的乡村振兴满意度，即农村集体经济发展具有乡村振兴效应。

（二）内在机制分析

1. 农村集体经济、收入调节效应与乡村振兴满意度。农村居民收入差距控制在合理范围内是提升农村居民生活富裕满意度的重要动力。然而当前中国部分农村地区存在着发展不平衡不充分问题，尤其是农村居民内部收入不平等，以及这种分化所造成的不平衡，降低农村繁荣程度。缩小农村内部居民收入差距的核心在于振兴农村产业，保证农村居民增收渠道多元化。农村集体经济具有配置效应，能够调节农民收入分配，使消费边际倾向更高的群体获得更多的收入，让低收入者更多地分享到乡村振兴发展成果。一方面，基于相对剥夺理论，收入不平等会加剧低收入群体的相对剥夺感。农村集体经济能依托组织规模优势推动公共资源的市场化，实现所有集体成员共享发展收益，并通过股金分红等方式直接破解农民内部之间存在的不平衡不充分现实问题，缩小农民因个人能力和财富积累差异产生的内部贫富差异，由此提升其对生活富裕满意度。此外，农村地区的农业生产活动主要特征为本地化、小规模及同质化，乡村的公共财力相对较弱，而农村集体经济发展壮大能够多渠道拓展集体资源价值化和财富化水平，带动农村居民就业，实现共建农村经济"做大蛋糕"目标，有助于提高农村居民对乡村产业兴旺满意度。另一方面，基于社会公平理论，农村集体经济具有包容性，其能够破解农民专业合作社存在精英社员引领下的"精英俘获"和"资本侵占"等现象，有效联动分散的农户与保障小农户利益，体现出"共有"集体产权下"分好蛋糕"的公平正义性，避免农村两极分化，从而提高农村居民对乡村治理效果满意度。基于上述分析，提出假说2。

假说2：农村集体经济通过缓解农村内部收入不平等提高农村居民的乡村振兴满意度。

2. 农村集体经济、基本公共服务与农村居民乡村振兴满意度。基于集体行动理论，当个体面对公共物品或公共服务时，往往采取有利于自身而非有利于集体利益的行动，从而乡村地区"搭便车"行为屡禁不止，加剧集体行动的困境。从农村公共服务项目制供给的运作实践来看，外部依赖型的公共品供给无法满足村庄需求，即政府自上而下的公共品供给与农民需求存在脱节，迫切需要村庄加强公共品的自我供给。而农村集体经济作为内嵌于农村的重要组织，是助力保障和改善农村民生福祉的重要途径，其通过保障农民公共福利、提高村庄公共服务能力等方面，提升村庄基本公共服务供给质量与效率，从而以有效方式确保农民分享集体经济发展红利。一方面，基本公共服务供给效率及公平是提高农村居民幸福感和满意度的重要路径。农村集体经济具有社会功能，其承担着农村公共服务供给职能，借助调节生产要素与生产成果分配的职能，补齐乡村地区基础设施与公共服务短板，改善农村生产生活条件和环境，有助于提高农村居民的生态宜居满意度。随着"厕所革命"、农村教育和医疗资源等基本公共服务的改善，不仅能让低收入的群体感受到村落集体的温暖，构筑起地区相互依赖、合作互惠的集体主义认同模式，而且还有助于吸引多元主体到农村参与建设，提高农村地区的人力资本水平，进一步改善集体经济的经营效率，为推动全面乡村振兴提供人才支持；另一方面，推动民生保障的高质量发展是深入贯彻新发展理念的应有之义。农村集体经济通过资源、财产、劳动力高效联合，以高效率模式满足农村居民对公共服务的需求，有效回应农民公共品需求、解决农村公共服务不足的能力等问题，有助于提高农村居民乡风文明满意度。此外，在农村集体资源配置过程中，农村集体经济组织依托社会组织网络更易获取农村群众多样化需求，优化公共服务供给能力的制度设计，为打造宜居宜业和美的乡村提供经济支撑。可见，农村集体经济通过改善村庄的公共服务和人居环境，加强公共服务供给内容与需求匹配性，从而提升农村居民乡村振兴满意度水平。基于上述分析，提出假说3。

假说3：农村集体经济通过提升公共服务精准化提高农村居民的乡村振兴满意度。

3. 农村集体经济、信心正反馈效应与农村居民乡村振兴满意度。由于农村居民满意度属于主观心理层面，其通过衡量农村居民的生活福利和生活质量，除农户内部收入差距、公共服务均等化外，还包括未来信心等维度。具体来说，一方面，基于社会资本理论，农村集体经济具有激励效应，能够加速农村居民社会资本积累，培养农户自我发展的"造血"能力，进一步提高其社会安全感、公平感和满意度。农村集体经济也能通过打造资产盘活型、产业带动型、农旅融合型等多元农业发展模式增进农村集体创富能力，有助于拓宽群众就业增收途径和降低外出务工风险，促进农业发展、农民富裕、农村繁荣，提高产业兴旺满意度；另一方面，农村集体经济坚持农民主体性地位基础上，推动农村集体内部治理的结构优化与资源整合，促进村民自治在广度和深度上扩展，提高农村居民乡风文明满意度。同时农村集体经济发展能够推动农村农业迈向现代化，提高农业产业化经营的效率，共同带动农村地区经济发展，从而农户易受到乡村发展水平提升产生正向反馈效应。即农村地区改变以往严重依赖外部资源输入的状况，实现农村生计方式趋于多样化。生计多样化不仅意味着生产生活多样化，农民不再完全依赖于初级农业生产，降低外部灾害、市场波动的负面冲击影响，在一定程度上增强农户对未来自我发展信心。因此，农村集体经济发展有可能通过增强农村居民对未来的主观信心，间接影响农村居民乡村振兴满意度。基于上述分析，提出假说4。

假说4：农村集体经济发展能够增强农民的未来信心进而提升其对乡村振兴满意度。

三、数据说明与模型构建

（一）数据说明

数据来源于中国土地经济调查数据（CLES），由南京农业大学人文社科处于 2020 年创立，金善宝农业现代化发展研究院协助实施调查。该数据库2020 年完成了基线调研，在江苏 13 个市实地调研，共计 52 个行政村、2600个农户。2021 年、2022 年，CLES 分别进行了追踪调查。CLES 数据内容涵盖农户层面与村庄层面数据，具体包括农户人口特征、农户经济特征、乡村振兴、集体经济和乡村治理等研究主题。

（二）变量说明

1. 被解释变量。被解释变量为乡村振兴满意度指数。已有研究关于乡村振兴衡量主要能够分为狭义与广义两种视角。其中，狭义视角选取居民收入、地区灯光均值对数等单一指标，广义视角则基于乡村振兴五大方面构建乡村振兴评价体系，但现有研究评价体系无法准确反映农民对乡村振兴的切身感受。乡村振兴的主体是农民，农民对乡村振兴的发展成效最有体会、最有发言权。即农民满意度是评判乡村振兴的成效的重要标尺，且乡村振兴满意度能够直接反映农村居民对本乡村实施乡村振兴战略情况评价，有助于为全面推进乡村振兴战略实施与实现农村居民对美好生活向往制定政策提供有益参考。为此，借助于问卷中"您对以下乡村振兴方面的总体满意度"回答反映乡村振兴满意度，受访者从 1 ~ 10 共计 10 个数值中进行选择，指数越大表明受访者对乡村振兴的满意程度越高，即乡村振兴水平也越高。

2. 解释变量。解释变量为农村集体经济。农村集体经济不仅能够有效整合集体资源，解决农民增收问题及农村治理问题，尤其是在促进农村经济快速增长发挥着重要作用，更是实现乡村全面振兴、建成社会主义现代化强国的有力支撑。为此，采用集体经济的总收入表征农村集体经济发展，并在具体分析中对其进行对数化处理。

3. 控制变量。控制变量包括如下三个方面：一是户主层面，包含 4 个变量：年龄、性别、受教育程度以及健康程度；二是家庭层面，包含 3 个变量：家庭规模、家庭总收入与社会资本；三是村庄自然地理条件，包含 2 个变量：地形、村庄到县城的距离（见表 6 - 1）。

表 6 - 1 各变量测量与描述性统计

变量	定义	均值	标准差
乡村振兴满意度	您对乡村振兴的总体满意度？1 ~ 10 分，从低到高	7.695	1.544
产业兴旺满意度	您对本村产业兴旺（产业布局、产业发展活力、带动农村居民就业等）的满意度？1 = 非常不满意，2 = 较不满意，3 = 一般，4 = 较满意，5 = 非常满意	3.317	0.777
生态宜居满意度	您对本村生态宜居（村容村貌、生活便利、污水与垃圾治理、空气质量等）的满意度？1 = 非常不满意，2 = 较不满意，3 = 一般，4 = 较满意，5 = 非常满意	4.108	0.717
乡风文明满意度	您对本村乡风文明（乡村思想道德建设、义务教育质量、村综合文化服务中心服务质量等）的满意度？1 = 非常不满意，2 = 较不满意，3 = 一般，4 = 较满意，5 = 非常满意	3.708	0.784
治理效果满意度	您对本村治理效果（村领导能力、村内治安管理、村务公开等）的满意度？1 = 非常不满意，2 = 较不满意，3 = 一般，4 = 较满意，5 = 非常满意	4.157	0.759
生活富裕满意度	您对自己家庭生活富裕（住房面积、可支配收入等）的满意度？1 = 非常不满意，2 = 较不满意，3 = 一般，4 = 较满意，5 = 非常满意	3.971	0.981
农村集体经济	村集体经济总收入（万元）的对数	3.243	1.541
相对收入差距	基尼系数	0.452	0.105
未来信心	您对于未来 1 ~ 2 年的收入增长，您的态度是？1 = 很悲观，2 = 较为悲观，3 = 中性，4 = 较为乐观，5 = 很乐观	3.194	0.840
公共服务	家庭是否有卫生厕所：1 = 是，0 = 否	0.937	0.242
年龄	户主的年龄（岁）	62.99	10.18
性别	户主的性别：1 = 男，0 = 女	0.923	0.267
受教育程度	户主的受教育程度	7.213	3.663
健康程度	户主的自评健康程度：1 = 丧失劳动能力，2 = 差，3 = 中，4 = 良，5 = 优	3.938	1.103

续表

变量	定义	均值	标准差
家庭规模	家庭总人口（人）	4.008	1.819
家庭总收入	家庭总收入取对数	8.886	2.670
社会资本	家庭的人情支出（元）	7.601	2.648
村庄地理位置	村委会到县城的距离（公里）	20.60	15.28
地形	是否为平原：1 = 是，0 = 否	0.850	0.357

（三）模型设定

在控制人口特征、人口特征与村庄特征因素基础上，本书的核心被解释变量乡村振兴满意度为有序离散变量，应使用有序识别农村集体经济的乡村振兴效应，但已有（Ferrer-I-Carbonell and Frijters）实证研究发现最小二乘法（OLS）与有序 probit 模型的估计结果在符号与显著性方面差异性较小，为此，构建 OLS 模型进行基准回归，并使用有序 probit 面板模型进行稳健性检验。构建如下模型：

$$Satis_i^* = \alpha_0 + \alpha_1 EP_i + \alpha_2 X_i + \partial_p + \delta_t + \varepsilon_i \qquad (6-1)$$

其中，$Satis_i^*$ 为乡村振兴满意度指标，EP_i 为村庄 i 集体经济发展状况，X_i 为个体、家庭和村庄层面的控制变量，α_1、α_2 分别为核心解释变量和控制变量的系数，∂_p 为地级市固定效应，δ_t 为时间固定效应，ε_i 为随机扰动项。

四、实证分析

（一）基准结果

表 6-2 报告全样本的回归结果，第（1）列~第（4）列区别仅在于控制变量不同。结果显示，核心解释变量的估计系数均通过 1% 统计水平上的显著性检验，且显著为正。这表明发展和壮大农村集体经济对农村居民乡村

振兴满意度存在正向推动作用,即农村集体经济发展具有显著乡村振兴效应。由结果可知,农村集体经济发展也是影响农村居民乡村振兴满意度的关键因素。与"外部推动型"相比,"内部自我驱动型"更大程度上决定着当下农村居民的乡村振兴满意度,其强调只有乡村地区自我掌握"造血"模式,才能持续改善民生,为乡村居民打通办实事"最后一公里"。如农村集体经济的发展能够为乡村建设提供资金支持,通过改善乡村地区人居环境与基础设施建设,提高农村居民对乡村振兴的满意度。在当前全面推进乡村振兴与共同富裕背景下,农民在经济和社会地位上得到前所未有的改善,但由于不同区域、群体之间资源禀赋和能力存在差异,城乡之间的收入仍存在较大差距。由于集体经济发展拥有赋予本村居民额外财产性收入的功能,直接关系到农民收入增长和缩小城乡与区域收入差距。因此,当农村集体经济逐渐壮大发展,广大农民群众的乡村振兴满意度会由此得到提升。

表6-2　　　　　　　　农村集体经济的乡村振兴效应的分析

变量	(1)	(2)	(3)	(4)
农村集体经济	0.045 *** (0.015)	0.034 ** (0.014)	0.035 ** (0.014)	0.038 *** (0.015)
年龄		0.009 *** (0.002)	0.008 *** (0.002)	0.008 *** (0.002)
性别		-0.077 (0.076)	-0.078 (0.076)	-0.076 (0.076)
受教育程度		0.032 *** (0.006)	0.029 *** (0.006)	0.029 *** (0.006)
健康程度		0.250 *** (0.020)	0.248 *** (0.020)	0.249 *** (0.020)
家庭规模			-0.022 * (0.012)	-0.023 ** (0.012)
社会资本			0.028 *** (0.008)	0.027 *** (0.008)
家庭总收入			0.038 *** (0.008)	0.038 *** (0.008)

续表

变量	(1)	(2)	(3)	(4)
村庄地理位置				−0.002
				(0.001)
地形				−0.192 **
				(0.089)
城市固定效应	控制	控制	控制	控制
时间固定效应	控制	控制	控制	控制
_cons	7.548 ***	5.880 ***	5.523 ***	5.713 ***
	(0.053)	(0.201)	(0.220)	(0.233)
R^2	0.022	0.059	0.065	0.066
N	5903	5903	5903	5903

注：括号中的数值是回归系数估计量的稳健性标准误，*、** 和 *** 分别表示在10%、5% 和 1% 的统计水平上显著。

此外，在其他条件不变情况下，从个人特征维度看，年龄与教育程度均与乡村振兴满意度正相关且通过显著性检验。从家庭特征维度看，社会网络越广、家庭总收入越高，其乡村振兴满意度也越高，而家庭规模则与乡村振兴满意度负相关。除此之外，从村庄特征维度看，村庄地形与乡村振兴满意度呈现负相关。由于复杂的村庄地形增加基础设施建设的难度，而落后的基础设施建设限制城乡之间要素的流动，从而降低农村居民对乡村振兴的满意度。

（二）农村集体经济赋能乡村振兴子体系的满意度影响分析

前文基准回归模型中验证农村集体经济促进乡村振兴满意度，那么，最直接的问题是乡村振兴满意度的提高与乡村振兴的20字方针中哪个维度更为相关。为回答上述问题，根据问卷中"您对本村产业兴旺的满意度""您对本村生态宜居的满意度""您对本村乡风文明的满意度""您对本村治理效果的满意度""您对自己家庭生活富裕的满意度"以上五个问题将乡村振兴满意度分解为五个子维度，进一步检验农村集体经济对农村居民乡村振兴各个维度的满意度影响。

由表6-3估计结果可知，农村集体经济发展均能够显著提升农户在乡村振兴各维度的满意度。此外，从表6-3估计系数来看，农村集体经济发展对农村居民生活富裕满意度的提升作用更大。可能的原因是集体强与农民富具有内在统一性，农村集体经济的发展更多体现在增强集体经济发展活力，确保集体资产保值增值，通过致富引领效应助推农户迈向共同富裕，实现集体"家底子"变厚的同时共富"钱袋子"变鼓，从而提高农户在生活富裕维度的满意程度。

表6-3　农村集体经济对农村居民乡村振兴各维度的满意度影响分析

变量	(1) 产业兴旺 满意度	(2) 生态宜居 满意度	(3) 乡风文明 满意度	(4) 治理效果 满意度	(5) 生活富裕 满意度
农村集体经济	0.019 ** (0.007)	0.017 ** (0.007)	0.013 * (0.007)	0.012 * (0.007)	0.024 ** (0.010)
控制变量	控制	控制	控制	控制	控制
城市固定效应	控制	控制	控制	控制	控制
时间固定效应	控制	控制	控制	控制	控制
_cons	3.235 *** (0.114)	3.869 *** (0.106)	3.433 *** (0.116)	3.835 *** (0.111)	2.447 *** (0.150)
R^2	0.042	0.043	0.025	0.046	0.059
N	5903	5903	5893	5889	5880

注：括号中的数值是回归系数估计量的稳健性标准误，*、** 和 *** 分别表示在10%、5%和1%的统计水平上显著。

（三）基于集体股份合作制改革的异质性

农村集体产权制度改革就是在明晰集体资产产权归属的基础上将农村集体资产量化到成员，是巩固其成员参加集体收益分配的基本依据的一项制度创新，且按照"试点先行、以点带面、逐步推开"的原则开展。那么，相对于未实行集体股份合作制改革地区，农村集体经济发展是否更有助于促进集体股份合作制改革的乡村振兴满意度，即产生显著的乡村振兴效应，由此按照是否完成集体股份合作制改革对全样本进行分组，然后利用分组回归方法实证检验农村集体经济对农户乡村振兴满意度的影响。回归结果显示，表6-4第（1）列和第（2）列中的系数均显著为正，但农村集体经济对农户乡村振兴满意度的提升作用在实行集体股份合作制改革地区更为明显。根据现代产权理论，产权明晰是市场有效的前提。一方面未实现集体股份合作制改革的地区，不仅在一定程度上抑制农村资源要素活力，也会弱化村集体发展的带动作用。另一方面界定和盘活农民共同拥有的农村集体资产尤其是生态资产的产权公共性及利益的共享性是实现农民走向共同富裕重要路径。因此，实现集体股份合作制改革的地区通过激活要素资源，多种形式发展壮大农村集体经济，为乡村基础设施建设和公益事业发展提供经济支撑，让农民真正分享集体资产的收益，从而提高农村居民乡村振兴满意度水平。

表6-4　　　　　　　　　按照集体产权制度的分样本回归估计

变量	(1)	(2)
	未实行集体股份合作制改革	实行集体股份合作制改革
农村集体经济	0.031 * (0.018)	0.068 *** (0.026)
控制变量	控制	控制
R^2	0.069	0.071
组间系数差异检验 P 值	0.000 **	
N	3268	2635

注：括号中的数值是回归系数估计量的稳健性标准误，＊、＊＊和＊＊＊分别表示在10%、5%和1%的统计水平上显著。异质性分析组间系数差异检验的 P 值采用费舍尔组合检验（抽样1000次）得到，下同。

（四）稳健性检验

1. 有序 probit 面板模型。由于乡村振兴满意度为有序离散变量，为得到稳健结论，使用有序 probit 面板模型重新进行估计，结果如表6-5所示，除乡村振兴满意度的回归系数外，还汇报了乡村振兴满意度分别为8～10时，农村集体经济发展对乡村振兴满意度的边际效应。结果显示，农村集体经济对乡村振兴满意度的影响与表6-5的估计结果在显著性和影响方向上无显著差异。就边际效应而言，较高乡村振兴满意度（乡村振兴满意度 = 8、9、10）的概率上升①。

表6 - 5 有序 probit 面板模型估计结果

变量	乡村振兴满意度 回归系数	边际概率影响		
		乡村振兴 满意度 = 8	乡村振兴 满意度 = 9	乡村振兴 满意度 = 10
农村集体经济	0.026 *** (0.010)	0.001 ** (0.000)	0.003 *** (0.001)	0.005 ** (0.002)
控制变量	控制	控制	控制	控制
N	5903	5903	5903	5903

注：括号中的数值是回归系数估计量的稳健性标准误，*、** 和 *** 分别表示在 10%、5% 和 1% 的统计水平上显著。有序 probit 面板模型无法控制个体固定效应，因此以个体随机效应替代，并控制了年份固定效应。

2. 面板固定效应模型。由于核心被解释变量乡村振兴满意度是一个主观变量，其可能与个体某种潜在的心理特质相关，会在一定程度上存在混淆偏误的影响。为此将个人固定效应作为个体心理特质的代理变量，从而得到解释变量、被解释变量之间的因果关系。故本书使用平衡面板数据进行稳健性检验，根据 CLES2020 年、2021 年和 2022 年的个人编码进行匹配，得到有效追踪样本 1416 个。表6 - 6 面板固定效应估计结果显示，农村集体经济对乡村振兴满意度的影响在显著性和方向上没有发生变化，研究结论具有稳健性。

表6 - 6 面板固定效应模型估计结果

变量	(1)	(2)
农村集体经济	0.103 *** (0.039)	0.109 *** (0.041)
控制变量	未控制	控制
个体固定效应	控制	控制

---

① 由于乡村振兴满意度指标取值范围为（1~10），为此此处仅列出较高乡村振兴满意度（乡村振兴满意度 = 8、9、10）的边际效应。

续表

变量	（1）	（2）
年份固定效应	控制	控制
R^2	0.470	0.483
N	1416	1416

注：括号中的数值是回归系数估计量的稳健性标准误，*** 表示在1%的统计水平上显著。

3. 工具变量法。本书关注的变量农村集体经济可能是内生的。内生性问题可能来源于如下两个方面。一方面，农村基于集体经济与农户乡村振兴满意度之间可能存在双向因果关系。本书旨在探讨农村集体经济的发展壮大对农户乡村振兴满意度的影响，但农户乡村振兴满意度也可能反向影响农村集体经济发展。比如，农户乡村振兴满意度越高，表明乡村振兴发展水平较高，这可能会反向带动农村集体经济发展。另一方面，可能存在遗漏变量问题。例如，一些个人能力、村庄禀赋资源等无法观测的因素或者可观测但CLES数据库无法度量的因素，不仅影响农村集体经济发展，还影响农户的福利水平。若未能控制一些同时影响农村集体经济和农户乡村振兴满意度的不可观测因素，可能会产生结果估计的偏误问题。借鉴孙雪峰和张凡（2022）研究，选取本县其他村庄集体经济的平均收入作为农村集体经济的工具变量。工具变量法的检验结果见表6-7，本书结论仍然成立。

表6-7　　　　　　　　　　工具变量回归结果

变量	（1） 农村集体经济	（2） 乡村振兴满意度
工具变量	0.756 *** （0.025）	—
农村集体经济	—	0.094 *** （0.035）
控制变量	控制	控制
第一阶段 F 值	15.64 ***	—
瓦尔德检验值	—	923.583 ***
N	5903	5903

注：括号中的数值是回归系数估计量的稳健性标准误，*** 表示在1%的统计水平上显著。

五、机制检验

前文理论分析部分指出农村集体经济发展能够促进农户乡村振兴满意度的提升，这主要是由降低收入不平等、提升公共服务与增强未来信心所驱动。为验证农村集体经济是否通过收入不平等、公共服务与未来信心上述三条机制影响农户的乡村振兴满意度，参考江艇（2022）的作用机制检验思路，进行相应作用机制检验，具体的估计结果见表6-8。表6-8第（1）~第（3）列分别表示农村集体经济对收入不平等、公共服务与未来信心的回归结果。

表6-8 作用机制检验结果

变量	（1）	（2）	（3）
	收入不平等	公共服务	未来信心
农村集体经济	-0.005 ***	0.056 **	0.013 *
	(0.001)	(0.024)	(0.007)
控制变量	控制	控制	控制
调整/准 R^2	0.362	0.109	0.051
N	5903	5903	5903

注：括号中的数值是回归系数估计量的稳健性标准误，*、** 和 *** 分别表示在10%、5%和1%的统计水平上显著。

首先，验证农村集体经济对收入不平等的影响，汇报结果如表6-8第（1）列所示，表明农村集体经济显著降低农村地区收入不平等程度，即假说2成立。集体经济的发展成果由所有集体经济成员共享，同时农村集体经济的财政二次分配补充效应通过向农村集体成员分红调节农户收入差距，让农村居民真正享受到发展壮大集体经济的实惠。

其次，表6-8第（2）列汇报农村集体经济对公共服务的估计结果。由表6-8第（2）列的结果显示，农村集体经济对公共服务的影响系数显著为正，即假说3成立。在农村日益增长的公共服务需求多样化背景下，农村集体经济具有公共服务的社会福利作用，能够补齐农村社会福利短板。农村集体经济主要通过构建公益优先与服务社会的农村集体经济共享机制，不断增进民生福祉、提升农民社会福利与归属感。

最后，表6-8第（3）列汇报农村集体经济对未来信心的估计结果。由表6-8第（3）列的结果显示，农村集体经济对未来信心的影响系数为正，且在10%统计水平上显著，即假说4成立。从农户视角看，农户主观未来信心不仅与自身收入相关，更与农村发展状况直接相关。农村集体经济的带动效应能够持续推进乡村振兴战略，且与加快建设农业强国目标相一致，为农村居民未来信心提供根本的保障。

六、进一步探讨：农村集体经济
发展是否具有包容性特征

前文分析表明，农村集体经济能够提高农村居民乡村振兴满意度，即产生显著的乡村振兴效应。事实上，包容性的内涵就是以有效方式使经济增长的果实惠及每一个人、每一个群体，尤其是一些相对弱势群体。为了加深对农村集体经济的乡村振兴效应的认识，进一步考察哪类群体从农村集体经济的发展中获得主观效用更多（即乡村振兴满意度更高），以详细解析农村集体经济的乡村振兴效应和更深入地理解农村集体经济发展如何实现包容性增长。鉴于此，采取分组回归讨论农村集体经济在不同物质资本、人力资本和社会资本的异质影响。

（一）基于物质资本的异质性

借鉴周广肃和李力行（2016）的研究思路，以家庭总收入作为物质资本的代理变量，将农村家庭分为低物质资本（中位数以下）和高物质资本组（中位数以上），分别用两组样本估计，回归结果如表6-9所示。结果显示，农村集体经济的发展仅帮助提升低物质资本家庭的乡村振兴满意度，对高物质资本家庭的影响系数不显著，可能的解释是高物质资本组已经具有一定物质资本积累，根据边际效应递减规律，农村集体经济的发展所产生额外分红收益对于其所产生效用相对较低，从而高物质资本组对农村集体带动作用不甚敏感。反过来说，农村集体经济的发展特别有益于物质资本相对匮乏的农村家庭，充分体现了其包容性。

表6-9   按照社会资本的分样本回归估计

变量	(1)	(2)
	低物质资本	高物质资本
农村集体经济	0.043 *** (0.016)	0.014 (0.036)
控制变量	控制	控制
R^2	0.063	0.082
组间系数差异经验 P 值	0.000 ***	
N	4872	1031

注：括号中的数值是回归系数估计量的稳健性标准误，*** 表示在1%的统计水平上显著。

（二）基于人力资本的异质性

依据张勋等（2019）做法，基于户主的受教育年限，将全样本分为低人力资本组（小学及以下）和高人力资本组（初中及以上），分别进行实证检验，结果如表6-10第（1）列和第（2）列所示。结果显示，低人力资本组别中农村集体经济系数在1%统计水平上显著，为0.047，而高人力资本组别中农村集体经济系数未通过显著性检验，表明农村集体经济的发展对农村居民乡村振兴满意度的提升作用主要体现在低人力资本组上。分析其原因在于，家庭收入相对较少的家庭，其往往会受到更加紧的流动性约束，而农村集体经济的发展能够显著拓宽该部分群体的收入增收渠道，进而明显改善人力资本投资不足的状况，最终促进乡村振兴满意度的提高。

表6-10   按照人力资本的分样本回归估计

变量	(1)	(2)
	低人力资本	高人力资本
农村集体经济	0.047 *** (0.016)	0.025 (0.021)

续表

变量	(1)	(2)
	低人力资本	高人力资本
控制变量	控制	控制
R^2	0.073	0.071
组间系数差异经验 P 值	0.000 ***	
N	3086	2817

注：括号中的数值是回归系数估计量的稳健性标准误，*** 表示在 1% 的统计水平上显著。

(三) 基于社会资本的异质性

依据刘一伟等（2017）的方法，采用家庭全年礼金支出作为衡量社会资本的代理指标，并据此将数据分为两组进行分组检验，结果如表 6 – 11 第（1）列和第（2）列所示。结果显示，低社会资本组别中农村集体经济系数在 1% 统计水平上显著，为 0.061，而高社会资本组别中农村集体经济系数未通过显著性检验，表明农村集体经济的发展对农村居民乡村振兴满意度的提升作用主要体现在低社会资本组上，为农村集体经济影响具有包容性特征这一结论提供了经验证据支持。其中可能的原因在于，农村集体经济能够引导带动村民共同参与到集体项目，分享集体经济的收益，特别是带动弱势群体收入的相对增长，增加其社会资本存量，从而产生正向的"邻善效应"。

表 6 – 11　　　　　　　　按照社会资本的分样本回归估计

变量	(1)	(2)
	低社会资本	高社会资本
农村集体经济	0.061 ***	0.024
	(0.023)	(0.019)
控制变量	控制	控制
R^2	0.068	0.062
组间系数差异经验 P 值	0.004 ***	
N	3019	2884

注：括号中的数值是回归系数估计量的稳健性标准误，*** 表示在 1% 的统计水平上显著。

七、研究结论与政策建议

农村集体经济是社会主义公有制经济的重要组成部分，也是实现农民农村共同富裕和促进农业农村现代化建设的重要支撑。本书基于乡村振兴满意度视角，并借助 2020 年中国土地经济调查数据（CLES），实证探讨农村集体经济发展的福利效应并聚集于其内在作用机理，在采取工具变量法估计、更换变量测度方式、增加地区固定效应与 1% 缩尾处理等稳健性检验后，研究结论仍然成立。本书为已有研究关于农村集体经济与主观福利相关理论提供进一步的微观证据。具体得到的主要结论如下：

一是从全样本看，农村集体经济发展显著提高农民对乡村振兴的满意度，产生了显著乡村振兴效应。农村集体经济发展壮大是新时代实施乡村振兴战略的重要支撑，为农民农村实现共同富裕的搭建桥梁，其不仅能够充分依托集体拥有的禀赋优势，深入挖掘集体资产的综合价值，让农民从集体获得更多的财产性收入，也在组织农民、保障农民权益等方面发挥作用，有助于提高农村居民满意度。

二是从乡村振兴子维度看，农村集体经济对生活富裕维度满意度的助推效应更加明显。农村集体经济能够更好凝聚起乡村要素合力，实现农户"小生产"对接"大市场"，带动农户增产增收，增强农户在集体经济发展中的获得感和幸福感。在考虑到集体经济产权制度改革的异质性状况下，农村集体经济的福利效应在实行该改革的地区更加明显。农村集体产权制度改革直接关系着农户利益、农业发展与农村现代化，其通过有效盘活农村集体资源要素，有效防止农村集体资产流失，有助于落实农村居民享有集体财产的权利，让农民群众吃上"定心丸"，从而有助于提高农民主观福利。

三是从作用渠道机制看，理论上与实证结果均表明农村集体经济能够通过收入调节效应、公共服务均等化效应与信心正反馈效应助推乡村振兴满意度。这一结果说明，在现阶段，农村集体经济不仅能够通过收入调节效应改善农户相对剥夺感，提升农村居民生活满意度，也能够有效完善乡村地区公共基础设施建设，如提供发展型基础设施、农村养老服务、人居环境改善等方面，在满足农民日益增长的公共服务需求、优化农村公共服务供给等方面发挥重要作用，有助于维护好广大农民群众根本利益。此外，农村集体经济能够利用规模经济效应吸引外来资本推动农业产业发展，农户易受到乡村发展水平的提升产生正向反馈效应，从而提升其乡村振兴满意度。

四是进一步分析研究发现，农村集体经济发展的乡村振兴效应显著存在低物质资本、人力资本及社会资本组别中，研究结果表明农村集体经济发展具有显著的包容性特征，能够以有效方式使增长的果实惠及相对弱势群体。

本书研究结论对如何推进农民农村共同富裕、让全面推进乡村振兴战略背景下农村集体经济的福利效应释放更加积极有效，具有重要的政策启示：一是进一步强化对农村集体经济的政策与创新支持力度，托起农民"稳稳的共同富裕"。鉴于农村集体经济所具有的显著乡村振兴效应，政府应当探索更加平衡、协调、包容的农村集体经济发展模式，尤其是围绕农村集体经济薄弱村与空壳村给予财政资金支持与经济项目倾斜，充分释放农村集体经济的乡村振兴效应。二是发挥农村集体经济"统一经营、抱团取暖"规模经济优势，充分发挥其引富带农效应。加快确认农民的集体成员身份和数量，充分释放农村集体经济的财政二次分配补充效应，加大农村基础设施建设与公共服务支持力度，为农村地区对接市场搭建平台，最终实现集体经济发展壮大的同时增进广大农民对生态宜居满意度的目标。此外，利用集体经济建立有效的激励约束机制，提升村干部领导力和村民归属感，增加农村居民之间的团结、合作和信任，实现乡村治理有效与乡风文明目标。进一步发挥示范效应的引领和撬动作用，引导社会资本、产业广泛参与农村现代化建设，形成政府、企业与农村推动全面实现乡村振兴的合力，有效夯实乡村产业兴旺的根基。三是需要进一步深化农村集体产权制度改革，提升农民的乡村振兴的满意度。依据村集体的区位优势、资源优势、经营性资产情况，遵循利润导向、统分结合、服务社会的基本原则，探索"共有制＋分配制"集体经济运行模式，同时需要对新型集体经济组织的法律地位与法律身份予以明确，强化自身在组织协调公共性事务方面的权威，增强村社集体资源整合与组织保障能力，优化村社集体经济运营管理与利益共享机制，统筹好各方利益"平衡账"，重点助力提高农村居民主观福利。

参 考 文 献

[1] 曹菲, 聂颖. 产业融合、农业产业结构升级与农民收入增长——基于海南省县域面板数据的经验分析 [J]. 农业经济问题, 2021, 500 (08): 28 - 41.

[2] 曹祎遐, 黄艺璇, 耿昊裔. 农村一二三产融合对农民增收的门槛效应研究——基于 2005 - 2014 年 31 个省份面板数据的实证分析 [J]. 华东师范大学学报 (哲学社会科学版), 2019, 51 (02): 172 - 182, 189.

[3] 陈丽君, 郁建兴, 徐铱娜. 共同富裕指数模型的构建 [J]. 治理研究, 2021, 37 (04): 5 - 16, 2.

[4] 陈旎, 李志. 数字乡村建设与现代农业融合发展困境及其破解之道 [J]. 改革, 2023, 347 (01): 109 - 117.

[5] 陈盛伟, 冯叶. 基于熵值法和 TOPSIS 法的农村三产融合发展综合评价研究——以山东省为例 [J]. 东岳论丛, 2020, 41 (05): 78 - 86.

[6] 陈锡文. 充分发挥农村集体经济组织在共同富裕中的作用 [J]. 农业经济问题, 2022, 509 (05): 4 - 9.

[7] 陈锡文. 实施乡村振兴战略, 推进农业农村现代化 [J]. 中国农业大学学报 (社会科学版), 2018, 35 (01): 5 - 12.

[8] 陈宇斌, 王森, 陆杉. 农产品贸易对农业碳排放的影响——兼议数字乡村发展的门槛效应 [J]. 华中农业大学学报 (社会科学版), 2022, 162 (06): 45 - 57.

[9] 程名望, 史清华, Jin Yanhong 等. 农户收入差距及其根源: 模型与实证 [J]. 管理世界, 2015, 262 (07): 17 - 28.

[10] 程志高, 李丹. 后全面小康时代绿色治理助推乡村共富的逻辑进路 [J]. 西北农林科技大学学报 (社会科学版), 2022, 22 (06): 1 - 10.

[11] 崔建军, 赵丹玉. 数字普惠金融能够促进城乡融合发展吗? ——基于门槛效应

模型的实证检验 [J]. 经济问题探索, 2023, 488 (03): 79 - 96.

[12] 邓金钱, 张娜. 数字普惠金融缓解城乡收入不平等了吗 [J]. 农业技术经济, 2022 (06): 77 - 93.

[13] 邓悦, 蒋琬仪. 城乡教育资源不平衡对乡村产业振兴的影响 [J]. 管理学刊, 2023, 36 (01): 33 - 42.

[14] 丁波. 数字赋能还是数字负担: 数字乡村治理的实践逻辑及治理反思 [J]. 电子政务, 2022, 236 (08): 32 - 40.

[15] 丁波. 乡村振兴背景下农村集体经济与乡村治理有效性——基于皖南四个村庄的实地调查 [J]. 南京农业大学学报 (社会科学版), 2020, 20 (03): 53 - 61.

[16] 董晓林, 吴以蛮, 熊健. 金融服务参与方式对农户多维相对贫困的影响 [J]. 中国农村观察, 2021 (06): 47 - 64.

[17] 董晓林, 于文平, 朱敏杰. 不同信息渠道下城乡家庭金融市场参与及资产选择行为研究 [J]. 财贸研究, 2017, 28 (04): 33 - 42.

[18] 董玉峰, 刘婷婷, 路振家. 农村互联网金融的现实需求、困境与建议 [J]. 新金融, 2016 (11): 32 - 36.

[19] 杜家廷, 何勇, 顾谦农. 数字普惠金融对农村居民消费结构升级的非线性影响 [J]. 统计与信息论坛, 2022, 37 (09): 63 - 74.

[20] 段坤君, 李燕凌, 张斌, 熊春林. 数字乡村建设与新型城市化道路 [J]. 公共管理学报, 2022, 19 (04): 113 - 124, 173.

[21] 冯朝睿, 徐宏宇. 当前数字乡村建设的实践困境与突破路径 [J]. 云南师范大学学报 (哲学社会科学版), 2021, 53 (05): 93 - 102.

[22] 付晓燕. 中国网民的"虚拟社会资本"建构——基于中国网民互联网采纳历程的实证研究 [J]. 中国地质大学学报 (社会科学版), 2013, 13 (06): 76 - 81, 134.

[23] 付政. 网络时代数字经济对农村发展模式的影响研究 [J]. 农业技术经济, 2022, 327 (07): 145.

[24] 傅华楠, 李晓春. 数字经济驱动中国农业现代化的机制与效应 [J]. 华南农业大学学报 (社会科学版), 2023, 22 (03): 18 - 31.

[25] 傅巧灵, 李媛媛, 赵睿. 数字普惠金融推进脱贫地区乡村全面振兴的逻辑、问题与建议 [J]. 宏观经济研究, 2022, 283 (06): 49 - 56.

[26] 高静, 贺昌政. 信息能力影响农户创业机会识别——基于 456 份调研问卷的分析 [J]. 软科学, 2015, 29 (03): 140 - 144.

[27] 高静, 武彤, 王志章. 深度贫困地区脱贫攻坚与乡村振兴统筹衔接路径研究: 凉山彝族自治州的数据 [J]. 农业经济问题, 2020, 483 (03): 125 - 135.

［28］高鸣，芦千文．中国农村集体经济：70 年发展历程与启示［J］．中国农村经济，2019，418（10）：19 – 39.

［29］高鸣，魏佳朔，宋洪远．新型农村集体经济创新发展的战略构想与政策优化［J］．改革，2021，331（09）：121 – 133.

［30］高艳．我国农村非正规金融存在的理性思考［J］．安徽大学学报（哲学社会科学版），2007（01）：113 – 117，128.

［31］葛继红，王猛，汤颖梅．农村三产融合、城乡居民消费与收入差距——效率与公平能否兼得？［J］．中国农村经济，2022（03）：50 – 66.

［32］龚斌磊，张书睿，王硕，袁菱苒．新中国成立 70 年农业技术进步研究综述［J］．农业经济问题，2020（06）：11 – 29.

［33］郭朝先，苗雨菲．数字经济促进乡村产业振兴的机理与路径［J］．北京工业大学学报（社会科学版），2023，23（01）：98 – 108.

［34］郭峰，王靖一，王芳，孔涛，张勋，程志云．测度中国数字普惠金融发展：指数编制与空间特征［J］．经济学（季刊），2020，19（04）：1401 – 1418.

［35］郝爱民，谭家银，王桂虎．农村产业融合、数字金融与县域经济韧性［J］．农村经济，2023，484（02）：85 – 94.

［36］何宏庆．数字金融助推乡村产业融合发展：优势、困境与进路［J］．西北农林科技大学学报（社会科学版），2020，20（03）：118 – 125.

［37］何婧，李庆海．数字金融使用与农户创业行为［J］．中国农村经济，2019（01）：112 – 126.

［38］何婧，田雅群，刘甜，李庆海．互联网金融离农户有多远——欠发达地区农户互联网金融排斥及影响因素分析［J］．财贸经济，2017，38（11）：70 – 84.

［39］何雷华，王凤，王长明．数字经济如何驱动中国乡村振兴？［J］．经济问题探索，2022（04）：1 – 18.

［40］何宜庆，王茂川．数字普惠金融的非线性与异质性经济增长效应——基于平滑转换模型与分位数模型的实证研究［J］．四川师范大学学报（社会科学版），2021，48（01）：54 – 64.

［41］贺雪峰．关于实施乡村振兴战略的几个问题［J］．南京农业大学学报（社会科学版），2018，18（03）：19 – 26，152.

［42］贺雪峰．乡村振兴与农村集体经济［J］．武汉大学学报（哲学社会科学版），2019，72（04）：185 – 192.

［43］洪燕．乡村振兴战略背景下农村集体经济组织的职能重构［J］．农村经济，2019，443（09）：42 – 49.

［44］侯建昀，霍学喜．信息化能促进农户的市场参与吗？——来自中国苹果主产区的微观证据［J］．财经研究，2017，43（01）：134-144.

［45］胡海，庄天慧．共生理论视域下农村产业融合发展：共生机制、现实困境与推进策略［J］．农业经济问题，2020，488（08）：68-76.

［46］胡汉辉，申杰．全国统一大市场建设如何赋能乡村振兴［J］．华南农业大学学报（社会科学版），2023，22（01）：23-35.

［47］胡伦，陆迁．贫困地区农户互联网信息技术使用的增收效应［J］．改革，2019（02）：74-86.

［48］胡雪萍，史倩倩，向华丽．中国农村劳动力人口变动趋势研究［J］．人口与经济，2023（02）：27-44.

［49］胡雅淇，林海．"互联网+"赋能小农户对接大市场的作用机制及效果［J］．现代经济探讨，2020（12）：110-117.

［50］华昱．互联网使用的收入增长效应：理论机理与实证检验［J］．江海学刊，2018（03）：219-224.

［51］黄惠春，袁俊丽，高仁杰，杨军．非正规借贷对创业活跃度的影响——基于社区层面的经验证据［J］．中央财经大学学报，2021（09）：21-31.

［52］黄亮雄，孙湘湘，王贤彬．反腐败与地区创业：效应与影响机制［J］．经济管理，2019，41（09）：5-19.

［53］黄群慧，余泳泽，张松林．互联网发展与制造业生产率提升：内在机制与中国经验［J］．中国工业经济，2019（08）：5-23.

［54］黄延信．发展农村集体经济的几个问题［J］．农业经济问题，2015，36（07）：4-8.

［55］黄祖辉，胡伟斌．全面推进乡村振兴的十大重点［J］．农业经济问题，2022（07）：15-24.

［56］黄祖辉．准确把握中国乡村振兴战略［J］．中国农村经济，2018，400（04）：2-12.

［57］季书涵，朱英明，张鑫．产业集聚对资源错配的改善效果研究［J］．中国工业经济，2016，339（06）：73-90.

［58］江艇．因果推断经验研究中的中介效应与调节效应［J］．中国工业经济，2022，410（05）：100-120.

［59］姜付秀，蔡文婧，蔡欣妮等．银行竞争的微观效应：来自融资约束的经验证据［J］．经济研究，2019，54（06）：72-88.

［60］姜长云．推进农村一二三产业融合发展的路径和着力点［J］．中州学刊，2016

（05）：43 – 49.

[61] 姜长云. 新发展格局、共同富裕与乡村产业振兴 [J]. 南京农业大学学报（社会科学版），2022，22（01）：1 – 11，22.

[62] 孔文豪，吴佳宜，黄思颖. 数字鸿沟与相对剥夺感：微观证据与影响机制 [J]. 电子政务，2021（01）：110 – 124.

[63] 孔祥智，高强. 改革开放以来我国农村集体经济的变迁与当前亟需解决的问题 [J]. 理论探索，2017，223（01）：116 – 122.

[64] 赖德胜，张振，卜涛等. 撤乡并镇与乡村振兴：发展和治理的逻辑解释 [J]. 中国工业经济，2022，417（12）：52 – 70.

[65] 雷琼. 乡村实现共同富裕的现实内涵、困境与制度创新：基于乡村治理视角 [J]. 广东财经大学学报，2022，37（04）：44 – 55.

[66] 雷泽奎，祁春节，王刘坤. 数字乡村建设能驱动农业经济高质量增长吗？[J]. 华中农业大学学报（社会科学版），2023（03）：54 – 66.

[67] 李本庆，岳宏志. 数字经济赋能农业高质量发展：理论逻辑与实证检验 [J]. 江西财经大学学报，2022，144（06）：95 – 107.

[68] 李飚. 互联网与创业——基于北京市青年创业数据的实证研究 [J]. 经济与管理研究，2018，39（05）：114 – 129.

[69] 李芳华，姬晨阳. 乡村振兴视角下的农村劳动力回流弹性估计——基于空间断点回归的研究 [J]. 中国农村经济，2022（02）：36 – 55.

[70] 李金昌，任志远. 互联网使用是否会加重社会阶层分化 [J]. 经济学家，2022（07）：98 – 108.

[71] 李军鹏. 共同富裕：概念辨析、百年探索与现代化目标 [J]. 改革，2021，332（10）：12 – 21.

[72] 李丽莉，曾亿武，郭红东. 数字乡村建设：底层逻辑、实践误区与优化路径 [J]. 中国农村经济，2023，457（01）：77 – 92.

[73] 李实，杨一心. 面向共同富裕的基本公共服务均等化：行动逻辑与路径选择 [J]. 中国工业经济，2022，407（02）：27 – 41.

[74] 李实. 共同富裕的目标和实现路径选择 [J]. 经济研究，2021，56（11）：4 – 13.

[75] 李晓，吴雨，李洁. 数字金融发展与家庭商业保险参与 [J]. 统计研究，2021，38（05）：29 – 41.

[76] 李晓静，陈哲，夏显力. 数字素养对农户创业行为的影响——基于空间杜宾模型的分析 [J]. 中南财经政法大学学报，2022，250（01）：123 – 134.

[77] 李晓龙，冉光和．农村产业融合发展的创业效应研究——基于省际异质性的实证检验［J］．统计与信息论坛，2019，34（03）：86－93.

[78] 李晓龙，冉光和．农村产业融合发展如何影响城乡收入差距——基于农村经济增长与城镇化的双重视角［J］．农业技术经济，2019（08）：17－28.

[79] 李晓园，刘雨濛．数字普惠金融如何促进农村创业？［J］．经济管理，2021，43（12）：24－40.

[80] 李彦龙，沈艳．数字普惠金融与区域经济不平衡［J］．经济学（季刊），2022，22（05）：1805－1828

[81] 李芸，陈俊红，陈慈．农业产业融合评价指标体系研究及对北京市的应用［J］．科技管理研究，2017，37（04）：55－63.

[82] 梁昊．中国农村集体经济发展：问题及对策［J］．财政研究，2016，397（03）：68－76.

[83] 刘斌．同群效应对创业及创业路径的影响——来自中国劳动力动态调查的经验证据［J］．中国经济问题，2020（03）：43－58.

[84] 刘诚．数字经济与共同富裕：基于收入分配的理论分析［J］．财经问题研究，2022，461（04）：25－35.

[85] 刘宏，马文瀚．互联网时代社会互动与家庭的资本市场参与行为［J］．国际金融研究，2017（03）：55－66.

[86] 刘培林，钱滔，黄先海，董雪兵．共同富裕的内涵、实现路径与测度方法［J］．管理世界，2021，37（08）：117－129.

[87] 刘朋虎，仇秀丽，翁伯琦等．推动传统生态农业转型升级与跨越发展的对策研究［J］．中国人口·资源与环境，2016，26（S2）：178－182.

[88] 刘庆．数字乡村发展水平测度及时空演变特征研究——以河南省为例［J］．统计与决策，2023，39（09）：85－90.

[89] 刘儒，刘江，王舒弘．乡村振兴战略：历史脉络、理论逻辑、推进路径［J］．西北农林科技大学学报（社会科学版），2020，20（02）：1－9.

[90] 刘伟，陈彦斌．"两个一百年"奋斗目标之间的经济发展：任务、挑战与应对方略［J］．中国社会科学，2021，303（03）：86－102，206.

[91] 刘魏，张应良．非农就业与农户收入差距研究——基于"离土"和"离乡"的异质性分析［J］．华中农业大学学报（社会科学版），2018（03）：56－64，155.

[92] 刘晓，刘铭心．数字化转型与劳动者技能培训：域外视野与现实镜鉴［J］．中国远程教育，2022，564（01）：27－36，92－93.

[93] 刘一伟，汪润泉．收入差距、社会资本与居民贫困［J］．数量经济技术经济研

究，2017，34（09）：75－92.

[94] 刘元胜. 农业数字化转型的效能分析及应对策略 [J]. 经济纵横，2020，416（07）：106－113.

[95] 刘愿理，廖和平，蔡拔林，石永明，邱继勤. 基于不同生计类型的农户多维相对贫困测度与影响机理 [J]. 中国人口·资源与环境，2022，32（05）：165－175.

[96] 芦彩梅，王海艳. 数字金融、收入差距与居民消费——基于中国 280 个地级市的实证研究 [J]. 金融与经济，2021，528（07）：22－30.

[97] 芦千文，杨义武. 农村集体产权制度改革是否壮大了农村集体经济——基于中国乡村振兴调查数据的实证检验 [J]. 中国农村经济，2022，447（03）：84－103.

[98] 陆杉，熊娇. 基于 GWR 的长江经济带农业绿色效率时空分异及影响因素研究 [J]. 地理科学，2023，43（02）：337－348.

[99] 罗明忠，陈江华. 农民合作社的生成逻辑——基于风险规避与技术扩散视角 [J]. 西北农林科技大学学报（社会科学版），2016，16（06）：43－49.

[100] 罗明忠，刘子玉. 数字技术采纳、社会网络拓展与农户共同富裕 [J]. 南方经济，2022（03）：1－16.

[101] 罗明忠，魏滨辉. 农村集体产权制度改革与县域城乡收入差距 [J]. 华南农业大学学报（社会科学版），2022，21（06）：78－90.

[102] 吕世斌，张世伟. 中国劳动力"极化"现象及原因的经验研究 [J]. 经济学（季刊），2015，14（02）：757－778.

[103] 吕炜，杨沫，王岩. 市民化的福利效应分析——基于农业转移人口生活满意度视角 [J]. 经济科学，2017，220（04）：22－34.

[104] 马继迁，陈虹，王占国. 互联网使用对女性创业的影响——基于 CFPS 数据的实证分析 [J]. 华东经济管理，2020，34（05）：96－104.

[105] 马俊龙，宁光杰. 互联网与中国农村劳动力非农就业 [J]. 财经科学，2017（07）：50－63.

[106] 马述忠，贺歌，郭继文. 数字农业的福利效应——基于价值再创造与再分配视角的解构 [J]. 农业经济问题，2022（05）：10－26.

[107] 马亚明，周璐. 基于双创视角的数字普惠金融促进乡村振兴路径与机制研究 [J]. 现代财经（天津财经大学学报），2022，42（02）：3－20.

[108] 孟维福，张高明，赵凤扬. 数字经济赋能乡村振兴：影响机制和空间效应 [J]. 财经问题研究，2023（03）：32－44.

[109] 彭继权. 互联网对农户金融资产配置的影响——基于广义倾向得分匹配法的分析 [J]. 金融与经济，2021（04）：49－56.

[110] 彭艳玲，周红利，苏岚岚．数字经济参与增进了农民社会阶层认同吗？——基于宁、渝、川三省份调查数据的实证 [J]．中国农村经济，2022，454（10）：59－81．

[111] 齐文浩，李明杰，李景波．数字乡村赋能与农民收入增长：作用机理与实证检验——基于农民创业活跃度的调节效应研究 [J]．东南大学学报（哲学社会科学版），2021，23（02）：116－125，148．

[112] 强国令，商城．互联网普及、家庭财富差距与共同富裕 [J]．经济与管理评论，2022，38（04）：51－62．

[113] 强国令，商城．数字金融、家庭财富与共同富裕 [J]．南方经济，2022，395（08）：22－38．

[114] 邱泽奇，乔天宇．电商技术变革与农户共同发展 [J]．中国社会科学，2021，310（10）：145－166，207．

[115] 单德朋，张永奇，王英．农户数字素养、财产性收入与共同富裕 [J]．中央民族大学学报（哲学社会科学版），2022，49（03）：143－153．

[116] 申云，景艳茜，李京蓉．村社集体经济共同体与农民农村共同富裕——基于成都崇州市的实践考察 [J/OL]．农业经济问题：1－17 [2023－05－24]．

[117] 史春玉．多功能农业发展框架下法国乡村振兴经验探析与反思 [J]．经济社会体制比较，2023，225（01）：44－54．

[118] 史丹．数字经济条件下产业发展趋势的演变 [J]．中国工业经济，2022，416（11）：26－42．

[119] 史恒通，睢党臣，吴海霞，赵敏娟．社会资本对农户参与流域生态治理行为的影响：以黑河流域为例 [J]．中国农村经济，2018（01）：34－45．

[120] 宋林，何洋．互联网使用对中国农村劳动力就业选择的影响 [J]．中国人口科学，2020（03）：61－74，127．

[121] 苏岚岚，孔荣．互联网使用促进农户创业增益了吗？——基于内生转换回归模型的实证分析 [J]．中国农村经济，2020（02）：62－80．

[122] 苏岚岚，彭艳玲．农民数字素养、乡村精英身份与乡村数字治理参与 [J]．农业技术经济，2022（01）：34－50．

[123] 苏岚岚，张航宇，彭艳玲．农民数字素养驱动数字乡村发展的机理研究 [J]．电子政务，2021，226（10）：42－56．

[124] 孙晋．数字平台的反垄断监管 [J]．中国社会科学，2021（05）：101－127，206－207．

[125] 孙久文，张翱．数字经济时代的数字乡村建设：意义、挑战与对策 [J]．西北师大学报（社会科学版），2023，60（01）：127－134．

［126］孙学涛，于婷，于法稳．数字普惠金融对农业机械化的影响——来自中国1869个县域的证据［J］．中国农村经济，2022（02）：76 – 93.

［127］孙雪峰，张凡．农村集体经济的富民效应研究——基于物质富裕和精神富裕的双重视角［J］．南京农业大学学报（社会科学版），2022，22（06）：183 – 194.

［128］孙玉环，张汀昱，王雪妮，李丹阳．中国数字普惠金融发展的现状、问题及前景［J］．数量经济技术经济研究，2021，38（02）：43 – 59.

［129］覃成林，杨霞．先富地区带动了其他地区共同富裕吗——基于空间外溢效应的分析［J］．中国工业经济，2017，355（10）：44 – 61.

［130］唐任伍．新时代乡村振兴战略的实施路径及策略［J］．人民论坛·学术前沿，2018，139（03）：26 – 33.

［131］唐文浩．数字技术驱动农业农村高质量发展：理论阐释与实践路径［J］．南京农业大学学报（社会科学版），2022，22（02）：1 – 9.

［132］田鸽，张勋．数字经济、非农就业与社会分工［J］．管理世界，2022，38（05）：72 – 84.

［133］田红宇，王嫒名．数字技术、信贷可获得性与农户多维贫困［J］．华南农业大学学报（社会科学版），2021，20（04）：33 – 43.

［134］田瑶，郭立宏．数字普惠金融缩小收入差距了吗？——来自中国家庭追踪调查的经验证据［J］．当代经济科学，2022，44（06）：57 – 70.

［135］童馨乐，李扬，杨向阳．基于交易成本视角的农户借贷渠道偏好研究——以全国六省农户调查数据为例［J］．南京农业大学学报（社会科学版），2015，15（06）：78 – 87，138 – 139.

［136］完世伟，汤凯．数字经济促进乡村产业振兴的机制与路径研究［J］．中州学刊，2022（03）：29 – 36.

［137］王冰丽，武艳敏．共同富裕视域下乡村治理能力提升的制约因素与破解路径［J］．贵州社会科学，2022，393（09）：160 – 168.

［138］王定祥，冉希美．农村数字化、人力资本与农村产业融合发展——基于中国省域面板数据的经验证据［J］．重庆大学学报（社会科学版），2022，28（02）：1 – 14.

［139］王浩林，王子鸣．网络"互嵌"与农村家庭创业选择——兼论共同富裕实现［J］．中国农村经济，2022（09）：63 – 81.

［140］王建华，李俏．农户经营改造背景的信息技术型人力资本模式［J］．改革，2012（10）：84 – 90.

［141］王杰，蔡志坚，吉星．数字素养、农民创业与相对贫困缓解［J］．电子政务，2022，236（08）：15 – 31.

[142] 王平，王凯．数字普惠金融对共同富裕的影响研究［J］．金融与经济，2022，540（07）：3 - 10，39.

[143] 王胜，余娜，付锐．数字乡村建设：作用机理、现实挑战与实施策略［J］．改革，2021，326（04）：45 - 59.

[144] 王欣亮，张家豪，刘飞．大数据是经济高质量发展的新引擎吗？——基于数据基础设施与技术应用的双重效应解释［J］．统计研究，2023，40（05）：103 - 119.

[145] 王修华，赵亚雄．数字金融发展与城乡家庭金融可得性差异［J］．中国农村经济，2022（01）：44 - 60.

[146] 王璇，王卓．农地流转、劳动力流动与农户多维相对贫困［J］．经济问题，2021（06）：65 - 72.

[147] 王一鸣．百年大变局、高质量发展与构建新发展格局［J］．管理世界，2020，36（12）：1 - 13.

[148] 王元．信息处理、博弈参与和农村金融服务中介［J］．金融研究，2006（10）：162 - 169.

[149] 韦倩，徐榕．互联网使用与信贷排斥的缓解——基于中国家庭追踪调查的数据［J］．武汉大学学报（哲学社会科学版），2021，74（05）：119 - 131.

[150] 温锐松．互联网助力解决相对贫困的路径研究［J］．电子政务，2020（02）：86 - 91.

[151] 温忠麟．张雷，侯杰泰等．中介效应检验程序及其应用［J］．心理学报，2004（05）：614 - 620.

[152] 吴本健，胡历芳，马九杰．社会网络、信息获取与农户自营工商业创办行为关系的实证分析［J］．经济经纬，2014，31（05）：32 - 37.

[153] 吴玲萍，徐超，曹阳．收入不平等会扩大家庭教育消费吗？——基于CFPS 2014数据的实证分析［J］．上海财经大学学报，2018，20（05）：100 - 111.

[154] 伍艳．农户生计资本对借贷行为选择的影响研究［J］．西南民族大学学报（人文社科版），2019，40（02）：125 - 131.

[155] 武小龙．数字乡村治理何以可能：一个总体性的分析框架［J］．电子政务，2022，234（06）：37 - 48.

[156] 夏杰长，刘诚．数字经济赋能共同富裕：作用路径与政策设计［J］．经济与管理研究，2021，42（09）：3 - 13.

[157] 夏英，钟桂荔，曲颂等．我国农村集体产权制度改革试点：做法、成效及推进对策［J］．农业经济问题，2018，460（04）：36 - 42.

[158] 夏柱智．农村集体经济发展与乡村振兴的重点［J］．南京农业大学学报（社

会科学版），2021，21（02）：22 – 30.

　　[159]肖红波，陈萌萌．新型农村集体经济发展形势、典型案例剖析及思路举措
[J]．农业经济问题，2021，504（12）：104 – 115.

　　[160]肖顺武，董鹏斌．中国式现代化进程中数字经济服务乡村振兴的困境检视、
内在机理与实现路径[J]．经济问题探索，2023，490（05）：1 – 12.

　　[161]谢晋，蔡银莺．生计禀赋对农户参与农田保护补偿政策成效的影响——以成
都311户乡村家庭为实证[J]．华中农业大学学报（社会科学版），2017，128（02）：
116 – 125，135 – 136.

　　[162]谢绚丽，沈艳，张皓星，郭峰．数字金融能促进创业吗？——来自中国的证
据[J]．经济学（季刊），2018，17（04）：1557 – 1580.

　　[163]星焱．农村数字普惠金融的"红利"与"鸿沟"[J]．经济学家，2021
（02）：102 – 111.

　　[164]徐维祥，李露，周建平等．乡村振兴与新型城镇化耦合协调的动态演进及其
驱动机制[J]．自然资源学报，2020，35（09）：2044 – 2062.

　　[165]徐勇，赵德健．创新集体：对集体经济有效实现形式的探索[J]．华中师范
大学学报（人文社会科学版），2015，54（01）：1 – 8.

　　[166]许汉泽，徐明强．再造新集体经济：从"产业扶贫"到"产业兴旺"的路径
探索——对H县"三个一"产业扶贫模式的考察[J]．南京农业大学学报（社会科学
版），2020，20（04）：78 – 90.

　　[167]许佳荧，张化尧．共性资源联盟与"互联网＋"创业——基于创业者视角的
多案例分析[J]．科学学研究，2016，34（12）：1830 – 1837.

　　[168]许泉，万学远，张龙耀．新型农村集体经济发展路径创新[J]．西北农林科
技大学学报（社会科学版），2016，16（05）：101 – 106.

　　[169]许月丽，孙昭君，李帅．数字普惠金融与传统农村金融：替代抑或互
补？——基于农户融资约束放松视角[J]．财经研究，2022，48（06）：34 – 48.

　　[170]杨波，王向楠，邓伟华．数字普惠金融如何影响家庭正规信贷获得？——来
自CHFS的证据[J]．当代经济科学，2020，42（06）：74 – 87.

　　[171]杨德勇，代海川，黄帆帆．数字普惠金融对城乡居民收入差距的门限效应研
究——基于不同发展维度的实证分析[J]．经济与管理评论，2022，38（03）：89 – 101.

　　[172]杨江华，刘亚辉．数字乡村建设激活乡村产业振兴的路径机制研究[J]．福
建论坛（人文社会科学版），2022，357（02）：190 – 200.

　　[173]杨明婉，张乐柱．互联网金融参与如何影响农户正规借贷行为？——基于
CHFS数据实证研究[J]．云南财经大学学报，2021，37（02）：42 – 53.

[174] 杨学儒，邹宝玲．模仿还是创新：互联网时代新生代农民工创业机会识别实证研究［J］．学术研究，2018（05）：77－83．

[175] 殷浩栋，霍鹏，汪三贵．农业农村数字化转型：现实表征、影响机理与推进策略［J］．改革，2020，322（12）：48－56．

[176] 尹应凯，陈乃青．数字普惠金融、数字鸿沟与共同富裕——基于新结构经济学的视角［J］．上海大学学报（社会科学版），2022，39（06）：13－31．

[177] 尹志超，蒋佳伶，严雨．数字鸿沟影响家庭收入吗［J］．财贸经济，2021，42（09）：66－82．

[178] 于潇，刘澍．老年人数字鸿沟与家庭支持——基于2018年中国家庭追踪调查的研究［J］．吉林大学社会科学学报，2021，61（06）：67－82，231－232．

[179] 余涛．农村一二三产业融合发展的评价及分析［J］．宏观经济研究，2020（11）：76－85．

[180] 郁建兴，高翔．农业农村发展中的政府与市场、社会：一个分析框架［J］．中国社会科学，2009（06）：89－103，206－207．

[181] 曾建中，李银珍，刘桂东．数字普惠金融赋能乡村产业兴旺的作用机理和空间效应研究——基于县域空间动态面板数据的实证检验［J］．国际金融研究，2023，432（04）：39－49．

[182] 张琛，彭超，毛学峰．非农就业、农业机械化与农业种植结构调整［J］．中国软科学，2022，378（06）：62－71．

[183] 张广胜，柳延恒．人力资本、社会资本对新生代农民工创业型就业的影响研究——基于辽宁省三类城市的考察［J］．农业技术经济，2014（06）：4－13．

[184] 张海鹏，郜亮亮，闫坤．乡村振兴战略思想的理论渊源、主要创新和实现路径［J］．中国农村经济，2018，407（11）：2－16．

[185] 张号栋，尹志超．金融知识和中国家庭的金融排斥——基于CHFS数据的实证研究［J］．金融研究，2016（07）：80－95．

[186] 张鸿，王浩然，李哲．乡村振兴背景下中国数字农业高质量发展水平测度——基于2015－2019年全国31个省市数据的分析［J］．陕西师范大学学报（哲学社会科学版），2021，50（03）：141－154．

[187] 张江洋，袁晓玲，张劲波．基于电子商务平台的互联网金融模式研究［J］．上海经济研究，2015（05）：3－11，25．

[188] 张金林，董小凡，李健．数字普惠金融能否推进共同富裕？——基于微观家庭数据的经验研究［J］．财经研究，2022，48（07）：4－17，123．

[189] 张军．乡村价值定位与乡村振兴［J］．中国农村经济，2018，397（01）：2－10．

[190] 张来武. 产业融合背景下六次产业的理论与实践 [J]. 中国软科学, 2018 (05): 1 – 5.

[191] 张雷, 孙光林. 数字乡村对农户创业的影响机理 [J]. 华南农业大学学报 (社会科学版), 2023, 22 (03): 69 – 82.

[192] 张林, 曹星梅, 温涛. 中国农村产业融合发展的区域差异与空间收敛性研究 [J]. 统计与信息论坛, 2023, 38 (04): 71 – 87.

[193] 张林, 温涛. 数字普惠金融发展如何影响居民创业 [J]. 中南财经政法大学学报, 2020 (04): 85 – 95, 107.

[194] 张三峰, 王非, 贾愚. 信用评级对农户融资渠道选择意愿的影响——基于 10 省 (区) 农户信贷调查数据的分析 [J]. 中国农村经济, 2013 (07): 72 – 84.

[195] 张思阳, 赵敏娟, 应新安, 牛方妍. 社会资本对农民工返乡创业意愿的影响效应分析——基于互联网嵌入视角 [J/OL]. 农业现代化研究: 1 – 10 [2020 – 10 – 29].

[196] 张挺, 李闽榕, 徐艳梅. 乡村振兴评价指标体系构建与实证研究 [J]. 管理世界, 2018, 34 (08): 99 – 105.

[197] 张新文, 杜永康. 共同富裕目标下新型农村集体经济发展: 现状、困境及进路 [J]. 华中农业大学学报 (社会科学版), 2023, 164 (02): 23 – 33.

[198] 张勋, 万广华, 张佳佳等. 数字经济、普惠金融与包容性增长 [J]. 经济研究, 2019, 54 (08): 71 – 86.

[199] 张扬, 陈卫平. 农场主网络社会资本、资源获取与生态农场经营满意度 [J]. 西北农林科技大学学报 (社会科学版), 2019, 19 (06): 101 – 111.

[200] 张义博. 现代服务业与制造业、农业融合发展的国际经验及启示 [J]. 江淮论坛, 2022, 314 (04): 60 – 68.

[201] 张岳, 周应恒. 数字普惠金融、传统金融竞争与农村产业融合 [J]. 农业技术经济, 2021 (09): 68 – 82.

[202] 张蕴萍, 栾菁. 数字经济赋能乡村振兴: 理论机制、制约因素与推进路径 [J]. 改革, 2022, 339 (05): 79 – 89.

[203] 赵羚雅, 向运华. 互联网使用、社会资本与非农就业 [J]. 软科学, 2019, 33 (06): 49 – 53.

[204] 赵涛, 张智, 梁上坤. 数字经济、创业活跃度与高质量发展——来自中国城市的经验证据 [J]. 管理世界, 2020, 36 (10): 65 – 76.

[205] 赵霞, 韩一军, 姜楠. 农村三产融合: 内涵界定、现实意义及驱动因素分析 [J]. 农业经济问题, 2017, 38 (04): 49 – 57, 111.

[206] 赵星宇, 王贵斌, 杨鹏. 乡村振兴战略背景下的数字乡村建设 [J]. 西北农

林科技大学学报（社会科学版），2022，22（06）：52-58.

[207] 赵媛，王远均，薛小婕. 大众创业背景下的我国农民信息获取现状及改善对策 [J]. 四川大学学报（哲学社会科学版），2016（02）：121-131.

[208] 钟真，余镇涛，白迪. 乡村振兴背景下的休闲农业和乡村旅游：外来投资重要吗？[J]. 中国农村经济，2019，414（06）：76-93.

[209] 周广肃，李力行. 养老保险是否促进了农村创业 [J]. 世界经济，2016，39（11）：172-192.

[210] 周广肃，梁琪. 互联网使用、市场摩擦与家庭风险金融资产投资 [J]. 金融研究，2018（01）：84-101.

[211] 周鸿卫，田璐. 农村金融机构信贷技术的选择与优化——基于信息不对称与交易成本的视角 [J]. 农业经济问题，2019（05）：58-64.

[212] 周利，冯大威，易行健. 数字普惠金融与城乡收入差距："数字红利"还是"数字鸿沟"[J]. 经济学家，2020，257（05）：99-108.

[213] 周清香，李仙娥. 数字经济与农业高质量发展：内在机理与实证分析 [J]. 经济体制改革，2022，237（06）：82-89.

[214] 周洋，华语音. 互联网与农村家庭创业——基于 CFPS 数据的实证分析 [J]. 农业技术经济，2017（05）：111-119.

[215] 周月书，苗哲瑜. 数字普惠金融对农户生产经营投资的影响 [J]. 中国农村观察，2023（01）：40-58.

[216] 朱春奎，吴昭洋，徐菁媛. 公共服务何以影响居民幸福？——基于"收入-幸福"分析框架的实证检验 [J]. 公共管理与政策评论，2022，11（02）：15-34.

[217] 朱红根，陈晖. 中国数字乡村发展的水平测度、时空演变及推进路径 [J]. 农业经济问题，2023，519（03）：21-33.

[218] 左孝凡，陆继霞. 互联网使用与农民相对贫困：微观证据与影响机制 [J]. 电子政务，2020（04）：13-24.